中國油畫市場启示录之七

7+1>8

[釋]會運用策略的人才是明智的人，知捨得的人才是明理的人，曉通融的人才是明白的人。這個“1”的偉大就在于它讓人明智、讓人明理、讓人明白。

钱流 模特班女孩 100×80 布面油画 2007

杨光 10号楼 80×100 布面油画 2011

YANGGUANG

NO.31

责任编辑：田　黎
责任印制：宋朝晖

中国油画市场　第10辑(总第31辑)

顾　　问　靳尚谊　詹建俊　朱乃正　宋惠民
　　　　　张祖英　尚　扬　戴士和

出 版 人　陈高潮
主　　编　苗凤池

副 主 编　薛国芳　孔令才　杜允上
学术主持　颐　斋
展览基地　肖长东　李　勇
设计总监　董　辉
主编助理　李沅芷
事务主管　孟祥淑
采　　编　唐　可　曲　艺
编　　辑　《中国油画市场》编辑部
电　　话　010-52029019
电　　邮　chinaopm@sina.com.

出版发行　北京工艺美术出版社
地　　址　北京市东城区和平里七区16号
邮　　编　100013
电　　话　010- 84255105（总编室）
　　　　　010- 64283671（发行部）
传　　真　010- 64280045/84255105
网　　址　www.gmcbs.cn
经　　销　全国新华书店
印　　刷　北京利丰雅高长城印刷有限公司
开　　本　889mm×1194mm 1/16
印　　张　22
版　　次　2012年8月第1版
印　　次　2012年8月第1次印刷
书　　号　ISBN 978-7-5140-0215-7/J.1035
定　　价　98.00元

建议上架：美术及投资专业类

图书在版编目（CIP）数据

中国油画市场. 第10辑（总第31辑）/
苗凤池主编 .--北京：北京工艺美术出版社，2012.8
ISBN 978-7-5140-0215-7
Ⅰ.①中… Ⅱ.①苗… Ⅲ.①油画-行情-中国 Ⅳ.
① F724.787
中国版本图书馆CIP数据核字（2012）第 197402 号

陈克平 韶华之二
160×130
布面油画 2012

梵高 山脚茅屋 60×73 布面油画 1890

目录

【永不贬值的财富】之印象派(1)

什么油画才是将来“抢手货”

百花齐放，异彩纷呈。随之而来的油画市场也有了长足的发展，目下规模，史无前例。宏市之下，免不了泥沙俱下，一些劣质的画面不断出现，直接误导着投资人与收藏家的审美判断与价值取向，伤害他们的投资热情。鱼目混珠，究竟什么样的油画才是将来市场永不贬值的“硬通货”，无疑成了各路投资收藏群体的迫切关切的问题。

今天，印象派已远离其诞生之时所遭遇的抗议和惊世骇俗的气氛。自从卡耶博特的赠品在1896年堂而皇之地进入卢森堡博物馆以来，印象派的作品就得到了艺术爱好者、收藏家和博物馆众多参观者的热情认可。

印象派代表艺术家

德加	巴齐耶	梵高	雷诺阿	莫奈	西斯莱	马蒂斯
塞尚	拉图尔	马奈	雷皮耶	毕沙罗	莫里索	卡耶博特

杨参军 张易像 100×80 布面油画 2012

中国名家
P32-199

接连受邀参加国内外重要展览并在受众中产生很大反响，中国美术学院教授杨参军先生越来越受到世人的广泛关注，特别是他具表风格的肖像作品以凌厉的笔触和诗意的造型在中国油画界有着相当高的认可度和知名度，初具大家风貌。

近年无论在长三角还是在京津塘抑或东南亚的国家和地区，钱流先生的戏剧人物受到众多藏买家的认可与青睐，市场表现很是不俗，因此也引来越来越多的投资与收藏人士对其人其画的热切关注，在其戏剧人物之外，本期特别选择了钱流先生的青春人物系列作品。

画家特别善于画面的光影处理对空间构成的独特营造，青春而富有活力的年轻女性在他厚实而有弹性的色彩里显得美丽而神秘，从而拓展了画面的可读空间，在整体塑造上，我们可以看出他对卡拉瓦乔作品的深刻领悟。毫无疑问陈克平是一位以写实功夫饮誉艺坛的实力派人物。

商亚东 武器的传说 180×180 布面油画 2012

以驾驭绘画语言来说，可谓好手中的好手。亚东先生注重明暗，戏剧化光影效果在他的作品中被大大柔和化了，运用一些粗略、活泼、洒脱的笔触来塑造形象，强调人物的自然生动性，似乎感觉到对哈尔斯那种冲破荷兰团体人物画束缚之精神的迷恋，富有一种低调的浪漫主义色彩。

郭永文 广武冬雪 130×170 布面油画 2009

程瑞光 花解语七 65×81 布面油画 2012

唐伟民 高山流水（局部） 布面油画 2011

解澜涛 憩 80×130 布面油画 2008

144 潘伟超

潘伟超先生也许也秉承着弗氏的这个特点对人的精神层面作一思考与诠释，他的画面理性而深刻，总让受众在冷峻中感受人与情的微妙关系，在目下中国受弗氏影响的如陈丹青、刘小东、于小冬、范勃等艺术家之外，潘伟超有着自己的独特的弗氏理解与表达并以一件件出彩之作展示于世人。

172 郭永文

郭永文先生以写实手法描绘他熟悉的自然景物，将视觉经验加以想象组织，并赋予浓厚的乡土色彩和人文气息，表现了人与大自然的交流与和谐，画家经常选用通俗的元素来构建画面，并以其丰富的记忆和联想，将生活中的片段化着令人愉悦的视觉感受，铺陈布上，清新和谐，寓美于景。

【潜力】

最具升值潜力艺术家

200 程瑞光

近年频频入选全国重要展览，并得到许多前辈大家的好评——瑞光先生越来越受到世人的热切关注。对画面色调的把控，显示出瑞光的过人之处，渲染出一种巴尔塔斯式的迷幻氛围，在真实的人景情中赋予了淡淡的神秘感，增添画面大度的可读趣味。

220 唐伟民

中国美术馆“2012新写实油画展”上伟民受到人们赞许则是因为他在厚实的技法之外更注重如主题关怀、画面气息、精神指向等“软元素”的挖掘与融合，技法扎实娴熟，画面清丽幽美，同时也受到许多藏买家的喜爱，写实绘画中如此的佼佼者，必将受到更多藏买家的青睐，创造更大更辉煌的市场。

240 柳建超

柳建超有着许多艺术家比不了的才情，不消说整个画面经营得率意而大气，只一出手就荡涤了庸俗，大胆着色，潇洒构图，精心摆布，不拘小节，推来送往中渐具大家手笔。

260 孟新宇

我们若去认真梳理梳理中国短短百年的油画史，新宇的画面还真就让我们耳目一新。古不乖时，今不同弊——要投就投这样的人，要藏就藏这样的画。

280 姜向东

逼近对象，扫描式的寻找、体会每个所需要的细节，局部深入，整体观照，力求细节与整体效果的完美统一构成了姜向东艺术的显著特色。

300 解澜涛

澜涛是一道靓丽的风景，精研油画，兼修水墨，齐头并进，水陆兼程。在他的风格与灵魂的坚守中一件件开阔悠远、大气恢宏的作品不断出世，受到人们的青睐，特别是一些投资与收藏的有识之士对其作品钟爱有加，解囊下注，得之而后快，很有可能成为继刘小东、毛焰之后最为年轻最有升值空间的市场黑马。

印象派——一个革新的画派

文 / 西尔薇 · 巴丹

【编者按】 中国油画经过几代人的不懈努力和倾力打造，取得了令人瞩目的成就，不仅在中国美术史上写上光辉灿烂的一页，在全球的艺术界也产生了轰轰烈烈的影响，而今是百花齐放，异彩纷呈。随之而来的油画市场也有了长足的发展，目下规模，史无前例。宏市之下，免不了泥沙俱下，可以看到的是一些劣质的画面不断出现，而且越来越多地进入市场，直接误导着投资人与收藏家的审美判断与价值取向，伤害他们的投资热情，特别是一些低级庸俗的作品，画面僵白空洞，造型奇离古怪，利用拙劣的照相写实手法，细抹打磨，一派工艺，竟要价数十万上百万。鱼目混珠，究竟什么样的油画才是将来市场永不贬值的“硬通货”，无疑成了各路投资收藏群体的迫切关切的问题。鉴此，本刊将选择在全球有相当影响的艺术流派和其中卓有建树的代表艺术家及其作品陆续刊发，旨在让更多人去了解一些优秀的艺术，发现其不朽的价值，而后去比照自己的投资与收藏，不至于在大量的投入之后，得到了一批劣质的废品放在储藏室。本次所选的“永不贬值的财富之印象派”，拟分三个部分来谈，一，印象派，一个革新的画派，意在强调油画的本体语言、魅力和价值，强调艺术的创新精神；二，印象派在中国；三，印象派的市场。

印象派是伴随着1874年的轰动画展而正式诞生的。但这一新的画派在19世纪60年代已初见一些端倪。19世纪中叶，风景画的创作发生了重大变化。风景不再仅仅是一个背景，一个用作构图陪衬的背景，而是成为画的主体。画家乐于在风景中加入人物的形象。

巴比松派画家的教益和印象派最初的迹象

历史风景画的古典传统原则以及浪漫风景画特点遭到一群艺术家的彻底摒弃。他们更崇尚接近大自然的绘画观。这些名副其实的“风景画家”走出巴黎，到枫丹白露的森林中倘佯。他们住在马洛特、沙伊昂比尔和巴比松等小镇，在那里奠定了巴比松画派的基础。为了追求真实，他们努力直接接触大自然。为了准确地再现乡村生活，他们细心观察日常的生活场面，观察正在田间或林中劳作的农民（米勒的《晚钟》和《拾穗者》，1857年沙龙展出，奥塞博物馆藏）以及动物（见特罗扬、多比尼、罗莎•博纳尔、库尔贝等人的作品）。

正是在这一背景下，莫奈、雷诺阿、西斯莱和巴齐耶也开始拒绝学院派的清规戒律。1863年，他们离开格莱尔的巴黎画室，来到沙伊昂比尔的自马旅店。他们在一位大师领导的画室暂住，主要的好处是这些未来的“印象派”画家可以见面、交流，而不是听那些太受约束的绘画课。这段经历后来表明对他们以后的发展大有裨益。这四位画家的第一批作品表明了他们从这些前辈那里获得的教益。

1892年，西斯莱对评论家阿道尔夫•达维尼埃说：“我喜欢的画家是谁？如果只说同代人，那就是德拉克洛瓦、柯罗、米勒、卢梭和库尔贝，他们都是我们的老师。他们热爱大自然并强烈地感受到大自然。”所以，印象派画家是属于巴比松派风景画家一脉而跻身于19世纪法国画派的著名画家之列。他们年轻时的某些作品深受柯罗的影响，贝尔特•莫里索还曾是柯罗的学生。在他们早期的习作中，这些未来的印象派画家表现出与过去的自然主义画家们同样的质朴风格。

马奈的《草地上的午餐》这幅画（奥塞博物馆藏）触怒了官方沙龙的评委和1863年落选者沙龙的观众们。在这幅画中，周围的风景仍只是作为人物的背景。但是，如果说马奈试图使人联想到过去的一些大师（拉斐尔、乔尔乔涅和提香等），那么现代生活场景中的这个裸体女人则使人想到一个“现代”主题“乡村一景”，就像莫泊桑在其短篇小说中所描述的那样。这一历史性画作宣示着外光画的出现。

将人物放在风景中，是年轻的马奈探索的目标。他在其巨作《草地上的午餐》中就做

雷诺阿 睡觉的女孩 81×65 布面油画 1897

了这种尝试。这幅画原本是为1866年沙龙准备的。画的初稿以及前期的习作都是在枫丹白露森林中的一条小路上画的（《沙伊的石路》，奥塞博物馆藏）。1920年马奈对特雷维斯公爵说过：“我当时像其他人一样，先画一些小幅对景写生，然后再在我的画室里组合成一幅画。”如此大尺寸的画幅（4米多×6米）是受了库尔贝的“大机器”的启发，但在外光画中不具代表性。后来发展起来的外光画都是便于运输的。由于这一原因，《草地上的午餐》未能完稿，后来画作又被分割（重要的两部分现存于奥塞博物馆）。画上的这些日常生活中的人物聚拢在有阳光照射的树下，处在明亮的氛围中：场面几乎是以照相的视觉营造的。

同样，莫奈的《花园中的女人》（奥塞博物馆藏）也是一幅在室外创作、取材于画家在维尔达弗莱的花园的自然景色的杰作。在这件作品中，莫奈成功地表现出原初“印象”的自然性：阳光透过树叶洒落下来，在地上形成明暗分明和斑驳的光影。这一巨作被1867年的沙龙拒之门外，而为巴齐耶所收购。巴齐耶的《家庭团聚》（奥塞博物馆藏）则为1868年的沙龙所接受。这幅画在某种程度上是对《花园中的女人》的呼应。

19世纪60年代，年轻一代的画家（马奈、毕沙罗、莫奈、雷诺阿、西斯莱、巴齐耶和塞尚）遵循巴比松派画家的榜样，继续要求一年一度的沙龙评审团承认他们的绘画，希望能参加这一官方艺术展。然而，尽管印象派画家们不否认他们同过去的联系，甚至有时采用巴比松画派的技法，如库尔贝用利刀着色的做法或多比尼的技法，但是他们与巴比松派不同，不再在风景画中使用任何“浪漫派”笔触，而是注重风景画的客观性。而这种客观性只是在过去一些野外写生的小样中才能见到。多比尼曾以传统技法表现四季的轮回。而同样画这一古典主题的米勒在技法上则有所创新。米勒在1874年第一次印象派画展的前夕创作的《春天》（1868—1873，奥塞博物馆藏），画中画了彩虹，并给予光线重要地位，这预示了毕沙罗、莫奈和西斯莱笔下的鲜花盛开的果园。他们也如此喜欢春天的到来。

某种英国的影响

1870年，随着普法战争的爆发和后来巴黎公社的成立，一个时代结束了。这些政治事件对艺术生活产生了重要影响。其中最直接、最痛苦的影响之一是巴齐耶在博纳拉罗朗德战场上英年早逝。这些事件还造成艺术家们四处飘流。莫奈决定离开法国，第一次接触伦敦。

在伦敦，莫奈认识了未来印象派绘画的画商保罗•杜朗-卢埃尔，此人后来给予画家们非常友好和宝贵的支持。根据这位画商在其《回忆录》中的记叙，莫奈是经画家多比尼的介绍与卢埃尔相识的。多比尼在向其介绍莫奈时说：“这个人比我们大家都强。买他的画吧！”

梵高 星夜 73×92 布面油画 1889
雷诺阿 西斯莱和他的情人 106×74 布面油画 1868

毕沙罗也跑到了英国，并与莫奈建立了忠诚的友谊。两个人一起参观伦敦的博物馆，欣赏英国派风景画家康斯泰勃尔、博宁顿，尤其是透纳的作品。莫奈从透纳的作品中发现了一种非常特别的艺术，与他后来一些被称为“印象派”的作品、特别是《日出•印象》（马尔莫当•莫奈博物馆藏）所表现的视觉相一致。曾在1874年第一次印象派画展上展出的这幅著名的海景画，是作者追忆透纳的风景画而在勒阿弗尔创作的。这一印象派绘画的渊源，毕沙罗是在此后很久的1892年才承认。他说：“”我们的道路是从英国大画家透纳开始的……”

父母是英国人因而是英国国籍的西斯莱，他是博宁顿水彩画的崇拜者。他应当算是一个英国画家呢还是更多地属于法国的风景画派？西斯莱直到1899年去世也未取得他强烈要求的法国国籍。西斯莱一生都住在法国（除了几次回英国小住），并致力于描绘巴黎大区的风景。他善于在其令人陶醉的、细致入微的作品中表现巴黎大区的迷人风光。尽管如此，西斯莱终究没有去掉英国人的痕迹，这使他在印象派画家中与众不同。

交通工具的发展，带来新的写生地点

最初，这些未来的印象派画家对前辈画家钟爱的写生地表现出近乎子女对父母的忠诚。他们重走枫丹白露森林小路或是去诺曼底。后来他们另走自己的路。放弃一年一度的沙龙（他们中仍有一些人入选沙龙），转而热心于“印象派”画展，或举办个人画展（一般是在支持印象派的画商杜朗-卢埃尔的画廊举办），同时前去更符合他们这个时代的新的写生地。距离巴黎的远近，是选择写生地、同时

对19世纪下半叶风景画的演变构成一个决定性因素。当时水陆交通网得到大大发展。此外，还出现了汽轮、尤其是火车等快速交通工具，这使那些城里人想避开城市的喧闹、到“郊区”或周围的农村度过几个小时时光成为可能。

作为自己时代的人，1870年的画家们画的是离巴黎不远、从巴黎很容易去到的地方，从而表明他们对于交通工具有很大的依赖性。写生地分布在铁路或塞纳河沿线，这与道路和交通工具的发展完全吻合。年轻的画家们首先选择的是布吉瓦尔、沙图、鲁弗申和马利勒鲁瓦地区。后来在普法战争和巴黎公社时期，他们分成几派。莫奈在英国经多比尼的介绍认识了杜朗-卢埃尔。1871年12月，他从英国回法国后居住在阿尔让特依，而毕沙罗则选择了蓬图瓦兹和瓦兹河畔的奥维尔，当时塞尚也在这里创作。雷诺阿则几个地方都去，有时和莫奈，有时和西斯莱一起作画。

在19世纪下半叶，这种对法国农村的发现，表现田野风光的画占主导（在画室创作的“英雄的”和“历史的”风景画减少），对应了法国人的民族主义情绪的高涨。导游们向游人介绍值得一看的地方和值得注意的景点，很多城里人沿着弗雷德里克•莫罗和罗萨内特在枫丹白露森林走过的路漫步（福楼拜：《情感教育》，1869年）。列昂•萨伊在1867年出版的《巴黎指南》关于铁路的一章中写道：“巴黎人夏天都到离巴黎四五十公里远的郊区去，其出行的远近取决于时间和价格。”

新的绘画题材：一个既传统又现代的法国形象

印象派画家不仅仅是利用出现不久的道路和交通手段。他们更是将其看作值得他们去画的创作题材，与房子、磨坊、池塘和森林一样重要，并将其搬上画面。过去法国和意大利的大师们的传统做法是在画中利用道路造成一种三维空间的幻觉，而

17世纪荷兰派的风景画家则把道路作为一个正式的创作对象。印象派画家效仿荷兰画家的做法，不满足于描绘正在整治中的乡村和“郊区”，反映那里的休闲活动，而是执意地描绘通往那些地方的交通手段。有多幅油画都以一种特别的亮调子表现出印象派画家对工业化的赞颂。莫奈常常驻足于《阿尔让特依的铁路桥》（1873年，奥塞博物馆藏）前面，而雷诺阿则在《沙图的铁路桥》（1881年，巴黎奥塞博物馆藏）前支起了画架。新修的道路不断给画家们以灵感（毕沙罗《鲁弗申的马车》，1870；《鲁弗申大街》，1872，奥塞博物馆藏）。

印象派画家把道路、铁路、河流和桥梁以及各种相应的交通工具（马车、火车和船）搬上画面，从而创作了一种风景画的新图像，描绘一种由于当时的工业化而“变得更美的风景”。他们用通俗的画面让同时代的人了解工业化。但是除了像左拉这样一些有远见卓识的评论家外，很多观众看到的只是显然无意义的主题和一种由特殊的技法、全新的风格所产生的视觉刺激。然而，印象派的作品远比其让人以为的直接易懂复杂得多。其实画家们选择创作题材是很用心的。他们画的风景画中有一种法国的传统形象与进步带来的新事物之间的平衡。工业进步使法国具有现代化的面貌；画家们把“现代性”引入绘画。

尽管巴比松派关于回归大自然的主张吸引印象派画家，但他们在接受的同时，并不截然反对正在给法国农村带来许多变化的工业化。相反，他们从人类对风景的变革影响中找到了美。画家们以自己的方式赞美法国在遭到普法战争的破坏（道路、桥梁等）之后进行的重建。尽管他们部分地继承前辈画家，画森林、画古老的庄园和磨坊，但同时伴以现代建筑、工厂，反映了他们国家一个准确与完整的视觉形象。

马蒂斯　音乐 115.2×115.2　布面油画 1939
西斯莱　莫雷的教堂 100×81　布面油画 1894

在农村：田野风光和“休闲花园”

正当有一些印象派画家仍面向过去，另一些则为进步和“现代文明”所吸引。画家们选择不同的写生地，影响了他们的作品以及他们给我们描绘的当时法国农村的形象。

印象派画家中最固执于创作大量农村和田野风景画的，当属毕沙罗。奇怪的是，他也被看做是一个“城市风景画”大师。他注重反映交通道路的经济、工业和商业风貌，这使他选择了蓬图瓦兹市和附近有农民居住的地区为写生地。固然他对铁路运输方面的创新很感兴趣，但他的画面更反映农村老式、传统的一面，有马车和马行驶的路。他在其“乡野”作品中，常常画有农民，没有任何现代化的痕迹，而是更乐于描绘传统形式的农业。印象派画家在其作品中再现的法国农村显得不符合时代，远离农业经营方式的进步。这种态度与他们对待交通道路和交通工具采取的态度截然不同。毕沙罗的风景画中总是有人，犹如西斯莱反映巴黎大区的小村子的通俗画始终有人物一样（《弗瓦赞村》，1874年，奥塞博物馆藏）。他们画中许多细节表现人的存在，与塞尚无人的风景画（《缢死者之屋》，1873年，奥塞博物馆藏）正相反。

毕沙罗（《蒙福科的收获季节》，1876，奥塞博物馆藏）和莫奈（《草垛•夏末》，1890，奥塞博物馆藏）都擅长表现人们耕作的农村以及那里的田野。莫奈和雷诺阿也创作更反映人工的“现代化”的作品，这与当时画巴黎郊区“农村一景”的时尚相一致。

最后，某些印象派画家也利用了1850-1890年间的园艺热。当时，园艺既是一门科学，也是一门艺术。人们热衷园艺成风，以致一些花园的主人编写出版游览指南。毕沙罗画的是“实用花园”（《蓬图瓦兹•春天•果树和菜园》，1877，；《独轮车•果园》，约作于1881，奥塞博物馆藏）。而吸引印象派画家注意的尤其是“休闲花园”，如莫奈（《花园中的女人》，1866-1867，奥塞博物馆藏），巴齐耶（《家庭团聚》，1867，奥塞博物馆藏），以及住在蓬图瓦兹的毕沙罗（《赫米达奇花园一角》，1877，奥塞博物馆藏），还有卡耶博特，他与莫奈一样都喜欢花。

不同的写生地、新的绘画题材、笔触和色调的碎化这种非常独创的绘画技巧，这就是印象派的贡献。对当时已成为研究对象的光的敏锐运用，也是他们的贡献之一。

画家们注重光的运用、季节的交替和时间的变化

印象派画家们用画笔表现大自然在不同季节中的变化。他们从严寒中获得创作“冬景”或“雪景”的灵感（莫奈，《喜鹊》，1868-1869年，奥塞博物馆藏）。他们尤其迷恋雪

德加《年轻女人像》侧记

这幅半身肖像把人们的全部注意力集中到年轻女子的面部，画家只画到她的肩部，她的身子有点倾斜，四分之三斜向右边，她穿一件黑色连衣裙，一本正经的样子，她的栗色头发上扎着一根黑色丝绒带子，但现在平滑的头发大概原来不很齐整，只有嘴唇上涂了鲜艳的红色，一只耳环衬托出这种棕色和淡灰褐色的和谐，德加与他的印象派朋友们不同，并非把黑色不当成一种颜色，而他们几乎就要完全抛弃这种色调，不再用它来画风景画中的阴暗部分。年轻的德加画这幅画时，他选择了一块相当厚的不光滑的画布，易于着色，自己把布绷在画框上，然后他用一种精细准确、被描绘意图控制的动作顺着脸的圆形方向细细着笔，笔法准确自如的轮廓表现了隆起部分的质和面部表情的微妙。德加秉承了16世纪克卢埃以来的法国肖像画的伟大传统，他有古典大师们尤其维米尔的细腻笔法，他在轮廓和线条的处理上又得到了安格尔的启发和指点。

景，因为画雪景是他们研究光的变化的绝好机会。他们运用色彩的微妙差别，在画面上铺加上一些小小的彩色斑点：用这种笔触的碎点画出的地面不再是均匀的白色，而是泛着淡淡的蓝光。同莫泊桑（《春天》，1881）一样，画家们兴奋地迎接严冬过后美好日子的到来：他们的画不再是气氛低沉、肃穆的，取而代之的是满眼绿色、花满枝头、欢快愉悦的风景。毕沙罗、莫奈和西斯莱用画笔真实地再现了春天花团锦簇的果园令人赏心悦目的氛围。在收获的季节，毕沙罗不是在蓬图瓦兹地区就是去他住在马埃纳的朋友皮埃特家里画农村生活的场景（《蒙福科的收获季节》，1876，奥塞博物馆藏）。

在一些画展上展出的印象派作品的题目说明，色彩、季节、时间远比地点重要得多（例如毕沙罗的《红色屋顶•村子一角•冬景》，1877，奥塞博物馆藏）。左拉在1876年指出："我所说的画家们被人称为'印象派'画家，因为他们中的多数人首先致力于传达的是事物给人的真实印象……"

除了季节的交替之外，景物在一天内的变化，从冬天凌晨最初的数小时（毕沙罗，《霜》，1873，奥塞博物馆藏）到黄昏和秋天的落日，都令印象派画家们感兴趣。莫奈致力于再现对象随着一天内时间的推移、季节和天气的变化而不断发生的变化：这种绘画方式导致产生了19世纪90年代的"系列"画作（草垛、白杨树、教堂等）。他喜欢反映所画景物的瞬间形态。他注意空气和光，即注重在他的眼睛和创作对象之间的东西，试图画出不可触知的东西。

"新巴黎"的吸引力

印象派画家擅长表现法国农村，同时也能在城市、特别是在巴黎和卢昂找到灵感的

塞尚　盘子里的梨　38×46　布面油画　1895-1900
德加　年轻女人像　27×22　布面油画　1867

源泉。他们被豪斯曼男爵创造的“新巴黎”迷住了。以火车站为象征的现代工业时代的建筑进入他们的视线。火车站以及其他新建的玻璃和金属建筑物是工业时代的见证。(莫奈，《圣拉扎尔火车站》，1877，奥塞博物馆藏)。1877年左拉写道：“如同其父辈在森林和河流中找到诗一样，我们的艺术家大概在火车站中找到了诗。”他们的“城市风景画”给人以居高临下之感，在透视和取景方面往往受到日本版画和刚诞生不久的照相艺术的启发。此外，他们的许多作品是描写首都的休闲娱乐生活：赛马、音乐、咖啡音乐会、歌剧、舞蹈(如德加的画)、群众性舞会(雷诺阿，《煎饼磨坊的舞会》，1876，奥塞博物馆藏)、在公园和林阴路上散步(如莫奈、毕沙罗和卡耶博特的画)等等。

而面部表情呢?

尽管印象派画家们喜欢表现景物的变化，但也有些画家有时乐于以自己的方式创作肖像画。

德加把画笔指向“平民社会中的人物”，例如洗烫衣女工、坐在咖啡桌前的女人等(《咖啡馆》，又名《苦艾酒》，1876，奥塞博物馆藏)。德加还画了不少朋友的肖像。

雷诺阿在印象派中可称得上是“肖像画家”，因为他特别喜欢画女性的面部。他的模特儿显现了人生的不同阶段：从面部表情丰富的婴儿和孩子(主要是画家自家的孩子)到打扮入时的女人。雷诺阿也善于捕捉青年人的无忧无虑、高兴的心情和青春气息(《弹钢琴的年轻女郎们》，1892，奥塞博物馆藏)，还善于表现小人物的情态(如《手持玫瑰花的加布里艾》， 1911，奥塞博物馆藏)。而西斯莱除了很少的几次例外，一生不画这一题材。

和毕沙罗一样，塞尚在一生中画了许多自画像。据说，塞尚对画商沃拉尔说过：“艺术的终极是人像。”(在塞尚艺术中，“人像”一词即指“肖像”）他不着力表现面部的瞬间表情，而是注重刻画模特的内在气质和性格。他是在他身边的人中间选模特，所以，他让后来成为其妻子的伴侣霍尔腾丝•菲盖长时间摆姿势，画了多幅塞尚夫人的肖像。在这些肖像画里，画家运用了他画静物用的几何化处理手法，从而预示了20世纪初绘画上的新探索-立体派（《拿咖啡壶的女人》，约作于1890-1895，奥塞博物馆藏）的出现。

青年莫奈的作品中也有几幅肖像画。1868年他画了一幅侧着身子、似乎是从背部看去的肖像画《戈迪拜尔夫人》（奥塞博物馆藏）。后来随着莫奈年龄和经验的增加，他放弃了肖像画，专致于画大自然。但要指出的是，1886年，他以其儿媳苏珊娜•欧什德为原型创作了两个版本的《打阳伞的女人》（奥塞博物馆藏）。莫奈把这两幅画叫做《外光下的人物习作》。这两个处理“如同画风景一般”的人物轮廓已经非人物化了。

在肖像画领域，印象派女画家贝尔特•莫里索（女儿朱丽•马奈是她最喜欢的模特）和玛丽•卡萨特成功地表现了“母爱”（贝尔特•莫里索，《摇篮》，1872，奥塞博物馆藏）和当时的室内场景。这些画面使我们今天能够抱着怀旧的心情领略上个世纪生活的艺术。

今天，印象派已远离其诞生之时所遭遇的抗议和惊世骇俗的气氛。自从卡耶博特的赠品在1896年堂而皇之地进入卢森堡博物馆以来，印象派的作品就得到了艺术爱好者、收藏家和博物馆众多参观者的热情认可。

卡耶博特《赛艇》侧记

《赛艇》原是1879年第四届印象派画展上使用的三块装饰板中的一块。另两块现由私人收藏。画的是一位垂钓者及几个在树影婆娑的同一条小河中游泳的人，这一类作品充分反映了那个时代的人在户外嬉戏的乐趣，是画家所酷爱的题材之一，这一新颖的题材曾以不同方式吸引过作为同时代人生活好奇见证人的库尔贝、马奈、莫奈和雷诺阿等人，用于各种形式的创作尝试，比如经常漂流着草木的水面被处理成并不太深的空间，而传统的视觉标记悄悄隐退；一切都在光线下闪闪发光，被边框随意切掉一半的小船，则在呈上升倾斜状态的水流中灵巧地前进着，卡耶博特作起画来动作很快，笔触遒劲、果断、有效，不过这种完全凭借内心感觉的做法，很让当时的批评界不快；他们说，他的笔法未免太过生硬和粗暴，但同时又不得不承认，他在探求光和户外的表现方法上的新意，这种放浪形骸的狂放创作手法是卡耶博特作画的特点，他因而在相当长的时间内得不到承认，同时他对印象派绘画大力资助的名气也超过了他自己画作的名气。所幸批评界在后来已重新发现其作品的价值和创作手法的不落俗套。

莫奈 睡莲 200×200 布面油画 1914
卡耶博特 赛艇 155×108 布面油画 1878

Degas

塞尚《田园》侧记

田园风光是艺术上的古老题材，其存在可上溯至遥远的古代，到了18世纪就更受人们的痴迷了在塞尚的创作中此主题是对其浪漫年代所选的沉闷题材的一帖平衡剂，这里所表现的是一幅沐浴场景，如同画家在其年轻时代所经常体验的；可是此场景却有一处有失文雅：画上的女性全为裸体。虽然普罗旺斯的气候是出了名的炎热，但如此之自由却为当时的习俗所不容，更令人惊讶的是女性们身旁还有几位衣冠楚楚的男士，其中就有仰躺于草丛中的画家本人，这样的安排不免让人想起“1863年落选者沙龙”上引起轩然大波的另一幅画，即马奈的《草地上的午餐》，塞尚正是受其启发而浮想联翩，欣然作出此画。他画这幅画，只选用了少量的颜料，运用明暗对比的手法突出主题，他用清新的颜料描绘人物，最终塑造出人物形象，画笔笔触到处可见。此笔法完全背离美术学院所传授的方法，因为在学院，画家们是在画布上先拟好草图，而后在上面涂上数层颜料。塞尚的做法使其人物看上去很是粗糙，除两人外其他人形体模糊，面容不清。但画家不愿把实在的场景处理得过于细腻，而只是想表现水边的一段快乐时光，即朋友们在一种既色情又伤感的氛围中谈话的场面。

德加《苦艾酒》侧记

19世纪末，城市的咖啡馆是艺术家非常熟悉的地方，甚至成了他们作品的主题，这主要是指作家左拉和于斯曼，还有画家马奈、德加、德布坦、劳特累克和后来的毕加索。盖布瓦咖啡馆是艺术家们常去的地方，他们在那里创作出活生生的艺术，1875年往后，这个咖啡馆被冷落了，代之的是新雅典咖啡馆，在那里，德加安排了再真实不过的两个可怜人，职业模特儿，后来的女演员艾伦安德烈，坐在版画家马塞兰德布坦旁边，德布坦抽着烟，面带倦容，眼望别处，场景多于肖像，这幅画甚至被人形容为“社会阴暗面”，因为主题的现代特色令人震惊。德加创造了一个过放纵生活的艺人和当代城市人的难以忍受的惊人形象。在咖啡馆里摆成之字形的那些桌子占据了近景的空间，两个人神色迟钝、沮丧，挤在画的一个角落，上升的斜线将目光引向这对消沉无神的人身上，他们坐在角落，沉默不语。这一切都用于表现在酒精作用下的忧郁颓废的精神状态。德加总是对现代生活感兴趣，特别是现代的城市人，他在“巴黎生活下面”的青绿色光亮效果中探求意想不到的东西。德加总是试图抓住从罕见的角度观察到的人物，使人物的面孔和身体的表现适合于他们熟悉的环境。在创作主题与色彩相协调的典型的自然主义作品时，把消费者-观众的视点选在酒吧间的大理石桌子以外的地方。

德加 苦艾酒 92×68 布面油画 1875-1876

塞尚 田园 65×81 布面油画 1870

塞尚 坐在红色手扶椅上的塞尚夫人 72.5×56 布面油画 1877-1878

贝尔特·莫里索《芭蕾舞女演员》题记

贝尔特·莫里索曾参加过最初三次的印象派画展。由于健康原因，她未能参加1897年的画展，但在1880年，她以10幅油画、4幅水彩和1帧画扇重又报名参展，在其油画作品中，风景和肖像仍然平分秋色，风景画的地点均明确标出，而那些技法精湛、展出不久即被取下的肖像画则是匿名的，此件《芭蕾舞女演员》仅仅标有一个简单的题目：肖像，但仍在为其作者赢得赞誉。其中保罗·曼兹发表在4月号《时代》上的赞扬性评论仍是人们所能作的最精确的描述：莫里索夫人极擅细腻的暗色调融合，她画的是一位坐在花园中敞开衣领的女性肖像，女人的肌肤呈金栗色，隐约可见的花朵在幽暗的绿丛背景中淡淡地显出浅红色的丁香树。一切都捉摸不定，到处都是朦朦胧胧的，色调也模糊不清。画作表现出一种弗拉戈纳尔式的细腻，并透着一种对虚幻世界的迷恋，在这个虚幻世界里，色彩尚未被推上重要位子，模糊不清的色调尚不具有不久后获得的个性和社会地位。

斯坦尼斯拉斯·雷皮那 塞莱斯码头-玛丽桥 30×50 布面油画 1868

雷诺阿 草地上的女人和孩子 47×65 布面油画 1874-1876

莫奈 日出·印象 48×63 布面油画 1872

贝尔特·莫里索 芭蕾舞女演员 71×54 布面油画 1879

马蒂斯 桌子前阅读的女人 55.5×46.5 布面油画 1921

梵高 鸢尾花 73×93 布面油画 1890
梵高 加歇医生 68×57 布面油画 1890

马蒂斯 穿蓝色衣服的女人 92.7×73.6 布面油画 1937

雷诺阿 格伦鲁叶之二 59×80 布面油画 1869

西斯莱 阿让特伊大街 65.4×46.2 布面油画 1872

巴齐耶 家庭团聚 布面油画 1867

雷诺阿 躺着的背面裸女 41×52 布面油画 1909

莫奈 巴黎蒙特戈依街道1878年6月30日节日 81×50.5 布面油画 1878

马蒂斯 舞蹈 260×391 布面油画 1909-1910

拉图尔 巴迪侬画室 204×273.5 布面油画 1870

马奈 吹短笛的男孩 161×97 布面油画 1866

雷诺阿 阳光下的裸女 81×65 布面油画 1875

毕沙罗 蓬图瓦兹附近的艾尼丽街 55×92 布面油画 1874

梵高 画家的卧室 73×92 布面油画 1889

中国具表风格代表人物

杨参军

【凤池观察】近些年接连受邀参加国内外重要展事并在受众中产生很大反响，中国美术学院教授杨参军先生越来越受到世人的广泛关注，特别是他具表风格的肖像作品以凌厉的笔触和诗意的造型在中国油画界有着相当高的认可度和知名度，浓郁的古典精神、开放的结构空间和抒情的诗化表现（高天民语）这些艺术特色在他大量的创作实践中逐步凝练，初具大家风貌。像这样的实力派艺术家必将成为各路藏买家争相竞夺的首选对象，未来市场，不可限量，单件过百万，自在情理之中。

我“读”参军

文 / 孙景刚

我描述参军的困难是因为太过熟悉他，这种“熟悉”反而使我没有办法将他的人和画做一番让自己信服的描述。我和他是同学，几乎是一样的成长经历；我和他是同事，几乎是一样地经历着绘画的喜悦和困惑。是的，半辈子都玩耍在一道……

参军从来不是被市场忽略的画家。早年他曾数次远赴西藏，通过拍摄的数千张照片来组织和经营他的西域风情的作品。尽管也像大多数同龄人一样徘徊、纠缠在“主题”和“表现方式”的选择上，但他有好手艺，他总能很自如的驾驭画面，频频的入选展览，既获得奖项又不缺少市场的青睐。

九五年我在巴黎再见到他时，却常听到他唠叨自己“迷茫”、“困惑”。言语和情绪中透出的悲观绝望，使我们无数次的借酒“发疯”。看着他被酒精燃起的惆怅，我不会认为他矫情。我们这代人的“苦”，是本该成熟的时候偏偏因为“寡闻”而稚嫩，又因迟来的“见到”而困惑。在那些曾给我们带来梦想的大师作品面前我们既有如梦初醒的激动，也有在扑面而来的纷杂多样的艺术样式面前手足失措的惊慌。这样的迷茫和困惑带给我们的是来一种难以承受的“重”，而对这份“重”的承载几乎是我们这一代人青年时期共有的体验。

参军的“迷茫”和“困惑”是必然的。

参军的性格决定了他一旦认可，便痛快地决断，放弃和选择都义无返顾。

他说“再不画西藏了”。他的再开始是那么“简单”——每天早上乘一小时的地铁去司徒立的画室，从一盘苹果的写生开

杨参军 肖像之二 100×100 布面油画 2010

始……他在恰当的时候遇到了恰当的人，遇到了可以开启他聪明的人，还有从此进入他视野里对他有决定性启示的画家：塞尚、贾克梅蒂、莫兰迪……当然能被开启本身就是一种机缘，是他本身具备这种智慧。“透过窗子望见世界”——这是日后他能够理解塞尚式的“大自然的魅力”，懂得贾克梅蒂为何如此执着地纠缠着 “看”的那份含义的关键。

从那以后，参军爱说的“抹去重来”，就像贾克梅蒂曾唠叨的那样。他是当了真的，而且是当真将之实现在自己的画布上，实现在自己蜕变重生的过程中。现在我们已经看不到当年参军的影子，他早已封存了西藏题材，而把眼睛的视线回拢在自己的身边——那些每天与他朝夕相处的事物和时时遭遇的日常琐细之中。

停止了足下的远涉，却打开了眼睛的疆域。智慧的调整或重新开始，不一定是推倒重来。我们那个年代成长的人，因为急着趋赶世界艺术的步伐，急着展示与众不同的想法，要么是否定了自己内心的真实，要么是被一系列“变法”的招式弄乱了自己的脚步。参军的聪明在于他抹去了实际上是不属于自己的题材和章法，而在重塑自己的同时很好地保存了自己的 “私房钱”，在他认准的画家那里借来他要的东西，静悄悄地重新开张。

他期待着自己如同贾克梅蒂再次“复制”塞尚那样：“在自然面前实现自己的感觉”——一个清醇的不被观念牵制的、不是图像化的感觉。这样的理想使他不再纠缠于题材的独特，不再在意于样式的翻新，眼前的事物足够他忙的了。

参军是真性情。他的性情和他的画一样五彩纷呈。他画的多，实在太多，画商来画室，总可以尽情挑选,他会在被认可和赞叹之中陶醉。他有了钱，却不懂得享受。一份民工级别的盒饭足以打发他的午餐，一碗羊肉面足以让他满足。他的生活习性让你很难想象一个看似形骸不羁的人却有着极规律的生活节奏。早上准时起床，一碗面，一份报纸，他一本正经的读天下大事和市井琐闻，那神情活像一个政工干部。每日中午的午睡习惯几乎是雷打不动，管你是远道而来的朋友还是天大的事，统统放下。他几乎不熬夜，在你还谈兴盎然时，他会讨饶般的说“我得歇了”，旋即鼾声大作。他能绝对的将自己闭关在一个寂寞的角落里，做他的“功课”，可每每他那些精彩的画面和神来之笔又常常产生在同道围观的热闹之中。有时我们很难把一个平时性情热烈不羁的他和一个在必要时绝对有自控力的他自然地合成一幅完整的参军肖像。他还是一个在大庭广众下神采飞扬、能说会道的人。他客串节目主持，水平绝不输给专业的主持人，他与朋友卡拉OK时，不见得唱得最好，但他的效果和营造的氛围总是给人以深刻的印象，他的表演姿态和他特有的技术手段总能让你忽略他面对高音时的尴尬。参军的才气来自于他与生俱来的冷暖兼备，还在于他内心深处所具有的控制力，他是天生懂得经营和使用自己所具有的才能，巧妙地虚掉他的“短板”的同时，将精彩和光亮恰到好处地展示出来。

杨参军 历史的残页-戊戌六君子祭之三
260×240 布面油画 2009
杨参军 肖像之二十七 100×80 布面油画 2011

参军是真画家。他画画有一种痴迷，以至于我调侃他有“生理般的饥渴”，“发泄般的需要”。其实我知道他绘画的信念来自于心的安定和眼睛的充实，这使能在纷杂的艺术现象之中立于不惑。这种不惑基于他对艺术价值的判断力和他自我界定之后的定力。并由此激发了他的“饥渴”和“需要”，使他在十年里完成了近千幅画作。

参军对具象表现绘画的“心法”和“眼法”领悟透彻。读现象学，他喜欢海德格尔和梅洛庞蒂；看中国画，他喜欢石涛，也爱八大山人。他一本正经的话说“具表”时，见得到他的心得和书卷气，同时我们会被他宣讲的激情而感动。参军的才智在于他付诸实践时，不是刻意扭曲自己，而是由着眼睛、由着自己的性情，在纵情的挥写之中给人以痛快淋漓的惊喜。他画画，知道什么是“绘画本身”的含义。“管它是什么，见啥画啥”，看他进退在画布和物体之间，解衣磐礴，旁若无人，在挥洒的过程中，自己先陶醉在恣意的快乐里，又总在你不留神的当口，弄出点意想不到的惊叹。他自己画的开心，也让你看的高兴。你可别以为他那看似随意的画面是得之偶然，他的“狡猾”在于化“经营”于

看似“不经意”之中。他画画的过程就像他喝酒，不用劝酒的程序和计谋，他会自己痛快的吞下几大口，迅速进入酒精燃起的状态之中。酒桌上的策略他不管，他要的是自己的痛快。他不怕醉，也不怕失态，在痛快恣意的声势里，他有自己的尺度，更知道在“节骨眼”上的控制。他爱酒，喜欢在挥写之后浸在酒精的热度中，发一回“酒疯”，然后回家睡觉。他的人和画的妙处与好玩一如在他酒后的姿态里，在半嗔，半疯之中语出珠玑。

以前我以为他的静物画好过他的风景，他的风景好过他的人物……可他非得像所有学院的教授们一样，定要在人物画上做出个究竟。

他的“较真”，使我们有机会领略他在肖像画上的才能。

回望十年来参军的绘画历程，他鲜少大密度的进行人物画的创作，他的实践和他的探索几乎是局限在“居家事物”这狭窄的范围里。他曾是蔡亮的学生，他在艺坛上渐露头角的画作《历史的残叶---戊戌六君子祭》和《南京三十万遇难同胞祭》得益于蔡先生的教导和点拨。数年后他离开主题性和历史题材的绘画，这并非出于对先生的不敬，相反是他更知道先生内心的理想和未完成的梦——当我们为历史做传的时候，更要紧的是留下自己生活的痕迹。我可以见证的是蔡先生唯一的“烟酒生”（研究生），希望实现的正是先生自己所叹的那点绘事的“缺憾”。

参军安身于画室的一隅，立命在“视觉的直观”之中看那“寂静之物”。避开了世面上的嘈杂，物之静与心之静的相汇交融，使他能够回到“绘画本身”，回到“事物本

杨参军 经世致用-明末大儒黄宗羲 260×220 布面油画 2009
杨参军 静物之二 120×90 布面油画 2010

身”，寻找真正属于他自己的世界。今天我们在他人物画中所看到的迷人之处首先得益于他在静物画中所做的探索。他如同泥瓦匠般的厚涂式的静物，克服了原先对细节的纠缠而练就了对事物总体气势的把握；同时获得了对油画材质美感的领悟和对色彩强度的驾轻就熟；他以丙烯为媒介的绘画又使他从另一个角度理解了中国画中以水为媒的那份墨彩交融的华滋和运笔的酣畅。

参军对绘画的追求不仅仅停留在表现手段的探索上。当年塞尚在解释自己的绘画时，对他的朋友加斯凯做了一个手势：先是两手各放一边，指头伸得很开，接着双手非常缓慢地互相靠拢，然后挤压、收缩，直到双手互相交叉在一起。他要说的是：作为画家，如何把握住眼前的自然，“把大自然散布在各处的妙手连接在一起”。参军对塞尚的研究，使他对塞尚式的“观看方式”及画面的构造（这个始终被中国具象绘画所忽略的问题）有了深刻理解。这种视觉在直观当中的“整体性构建”使参军能在恣意挥写之中很好地“管束”住自己笔下的激情，并将对象和它们所形成的形态语言有序地“安置”在画面之中。

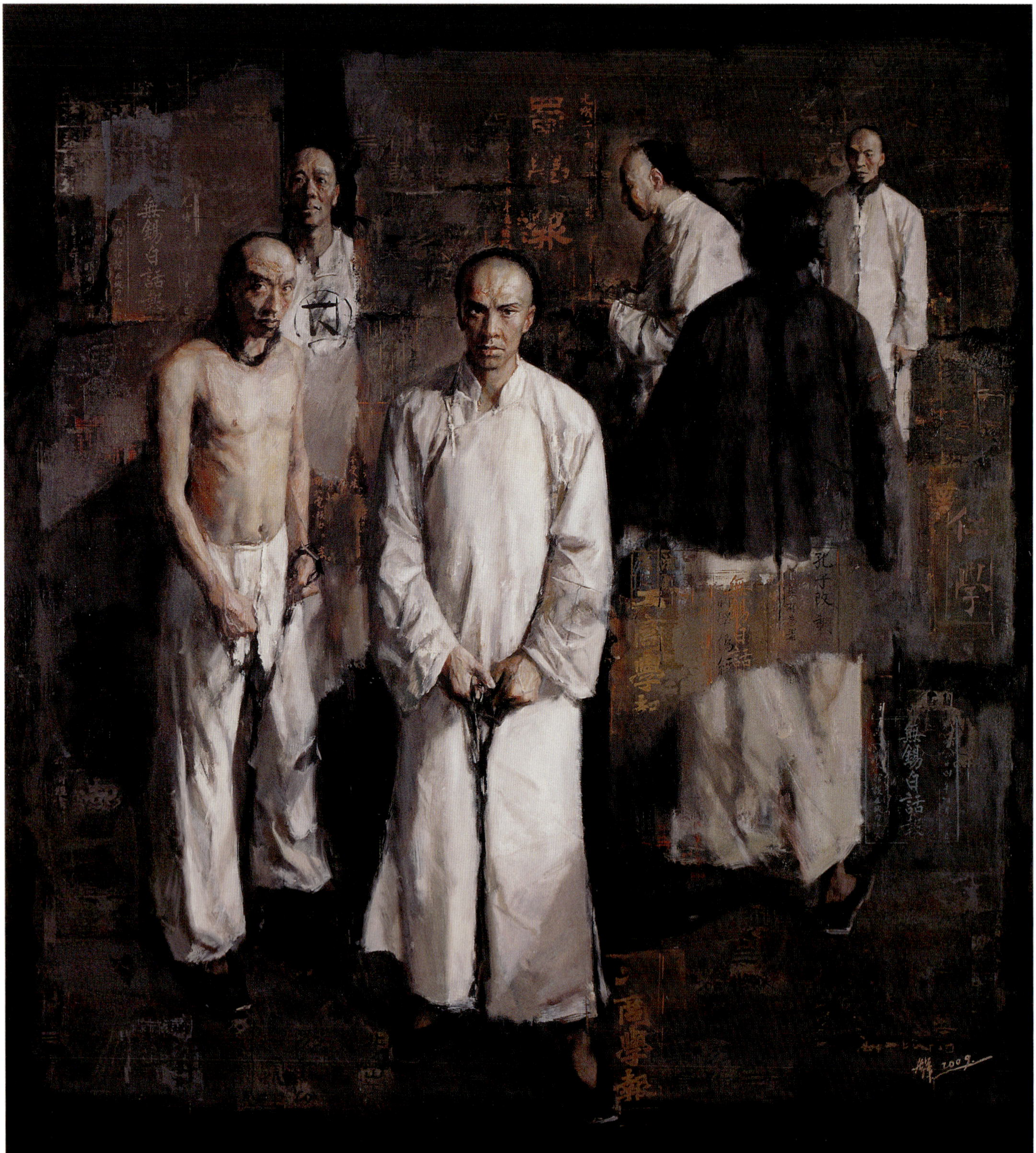

参军走出画室时，带着他在静物画中的收获，面对更大的自然景观（他在风景画里继续了他在静物画里的持守），给他如何将中国绘画和书法中的关于笔的“书写性”与油画中的表现性相结合提供了驰骋的疆域。

有了静物和风景画的铺垫，是参军重拾人物画的时候了。

他发疯般的“捉”来身边的朋友做模特，不论老少男女，“是个人就行”。他在男人的脸上“刀劈斧砍”，诠释着画面视觉的雄浑和苍劲；对青春女性则心生“爱慕”，如同他画桃子那样，将一抹“粉粉的红”化开来，化在女人凝脂般的面颊上……

参军性情直率但不鲁莽；他激情四溢又懂得把握分寸。他的画大实大虚，大开大合，粗犷之处看得出他用笔的气度，精微之处又见得到他匠心的细密。他那如同木匠般的粗手，做得出神经质般敏感的线条。他的激烈和他的柔情，通过近乎有点“妖气”的笔技和色彩，淋漓尽致地呈现了他内心深处的隐密与渴求。呈现了他本身。

梅洛庞蒂在《塞尚的疑惑》一文中说到，如果有一种真正的自由，它只能是在生命的流动当中，在对我们的起点和处境不断超越的进程中，同时不中断我们在这种处境中的存在。一部绘画史的进程，几乎就是关于眼和心如何获得自由的历程。因此，当我们了解参军在静物与风景画中的意图时，他人物画中的“秘密”便一目了然，那些如同描绘静物和风景般的笔意和形态说着同样的“故事”。他绕了一个大圈，为的是获得未曾体验到的自由——在表现“人”的过程中，达到如同表现景物那样的自由无拘。同时，这个由“静”到“动”的转变，更近一步接近他自己的性情——在短暂的时间里，如同“狮子捉象”般的壮烈中，他可以全力以赴地迅速达到他时常在酒精里体验到的那种状态。

今天的参军一定会感激十三年前的那段“迷茫”和“困惑”的经历。塞尚一生始终怀揣着“疑惑”，带着始终如一的诚恳，面对眼前的事物，面对“一如既往，又变幻不息”的大自然。参军会吗？

参军选择在他五十岁时，重新翻起往事，展示自己十几年来的足迹，并将它们隆重的结集捧出，他是想告诉朋友们什么呢？还是如他说的：一切才刚刚开始？

杨参军 历史的残页-喋血菜市口 260×240 布面油画 2009
杨参军 王瑾像 100×100 布面油画 2012

杨参军艺术简历

1958年生于安徽濉溪县，1982年获中国美术学院学士学位，1991年获中国美术学院硕士学位。现任：中国美术学院油画系教授、主任、博士生导师，中国美协会员，浙江油画家协会主席，中国美术家协会油画艺术委员会副主任，中国油画学会艺术委员会委员。

参展

1987 作品参加《首届中国油画展》
1989 作品参加《第七届全国美术作品展》
1992 作品参加中国美院《油画系双年展》
1994 作品参加《中国美院进京作品展》
1994 作品参加《中国美院油画作品赴香港展》
1995 作品参加法国巴黎国际艺术城联展
1996 作品参加《首届中国油画学会展》
1997 作品参加《回到视觉•具像表现绘画五人展》
1997 作品参加《庆祝香港回归中国当代油画艺术大展》
1997 作品参加香港会议展览中心《两岸三地油画艺术展》
1999 作品参加第九届美术作品展
2000 作品参加《守望家园——浙江省油画邀请展》
2000 作品参加赫尔辛基《中国油画五人展》
2000 作品参加上海石库门《诗意的空间——中国美术学院绘画五人展》
2001 作品参加上海大一画廊举办的《纯粹视觉》（上海）
2002 作品参加《大地上——具象表现绘画作品展》（杭州）
2003 作品参加《携手新世纪——第三届中国油画展精选作品展》（北京）
2003 作品参加《地之缘——亚洲当代艺术展》（杭州）
2003 作品参加《携手新世纪——第三届中国油画展精选作品展》
2003 作品参加《当代国际素描展》
2004 作品参加《第十届全国美展》
2005 作品参加《大河上下——新时期中国油画回顾展》

杨参军 家乡的风景之十一 80×100 布面油画 2012

2007 作品参加《精神与品格——中国当代写实油画展》

2009 作品参加《山色空濛·苏东坡疏浚西湖》"历史的凝眸"——浙江五千年重大历史题材美术创作工程作品展。

2009 作品《戊戌六君子·祭》参加国家重大历史题材大展

2010 作品《静物之一》参加"油画艺术与当代社会展"中国油画学会主办

2010 作品《肖像系列》参加"研究与超越展——第二届中国小幅油画展"，中国油画学会主办。

2010 作品《肖像系列》参加"寻源问道——油画研究展"中国油画院主办。

2010 作品《肖像系列》参加"回到写生展"。中国油画院主办

出版

2000 《中国美术学院具象表现绘画作品与教学（创作卷）》（教材）安徽美术出版社

2000 2000年2期《渴望真实》（论文）《中国油画》

2001 《杨参军油画集》（画册） 中国美术学院出版社

2002 《寻找体验的真实》（论文）发表于《艺术界》8月号（双月刊、安徽美术出版社）

2003 《视觉之思——谈油画课堂教学》（论文）《视觉的思想》中国美术学院出版社

2007 论文《敬畏之心——从塞尚到具象表现绘画》发表于《新美术》

2008 《与物同游——杨参军绘画作品选》出版 山东美术出版社

获奖

1989 作品《历史的残页—戊戌六君子祭》获《第七届全国美术作品展》铜奖 日本福冈美术馆收藏

1990 作品《苗女》获《中国油画精品展》特别奖

1990 作品《历史的残页——南京三十万遇难同胞祭》获《浙江省美术作品展》铜奖

2001 作品《鱼》获《表现与超越——中国小型油画展》学术奖

2001 油画《鱼》参加《表现与超越——中国小型油画展》并获学术奖（北京、上海、广州）

2001 《具象表现绘画基础方法教学》（合作）获院教学成果一等奖、省教学成果一等奖

2001 《具象表现绘画作品与教学》（合作）获省教育科研成果一等奖

2004 作品《镜》参加"第十届全国美展"获铜奖 中国美术馆收藏

2005 《具象表现绘画创作教学》（合作）获省教学成果二等奖

2005 《风景景域构成，自选主题创作》（合作）获浙江省精品课程。

2008 作品《张懿肖像》参加《全国油画写生作品汇展》并获优秀作品奖

2009 作品《经世致用——明末大儒黄宗羲》参加"历史的凝眸"——浙江五千年重大历史题材美术创作工程作品展并获金奖

2009 作品《历史的残页——戊戌六君子祭之二》获第十一届全国美展银奖。

杨参军 肖像之十一（局部） 100×100 布面油画 2011

杨参军 张易像 100×80 布面油画 2012

杨参军 肖像之八 100×100 布面油画 2010
杨参军 肖像之三十四 100×100 布面油画 2009

杨参军 肖像之三十三 100×80 布面油画 2006
杨参军 粉衣女子 100×100 布面油画 2010
杨参军 肖像之二十 100×100 布面油画 2011

杨参军 肖像之六 100×100 布面油画 2009
杨参军 肖像之四十八 100×100 布面油画 2012
杨参军 肖像之三十二 120×90 布面油画 2009

杨参军 肖像之四十四 100×100 布面油画 2012
杨参军 肖像之二十八 100×100 布面油画 2008
杨参军 肖像之三十一 100×80 布面油画 2009

杨参军 童靓像 100×100 布面油画 2010
杨参军 肖像之四十七 100×100 布面油画 2012
杨参军 肖像之三十五 100×80 布面油画 2009

杨参军 肖像之十二 100×100 布面油画 2011
杨参军 肖像之一 100×100 布面油画 2012
杨参军 肖像之三十六 100×80 布面油画 2010

1985

杨参军 肖像之七 100×100 布面油画 2010
杨参军 肖像之四 100×100 布面油画 2009
杨参军 肖像之十七 100×80 布面油画 2011

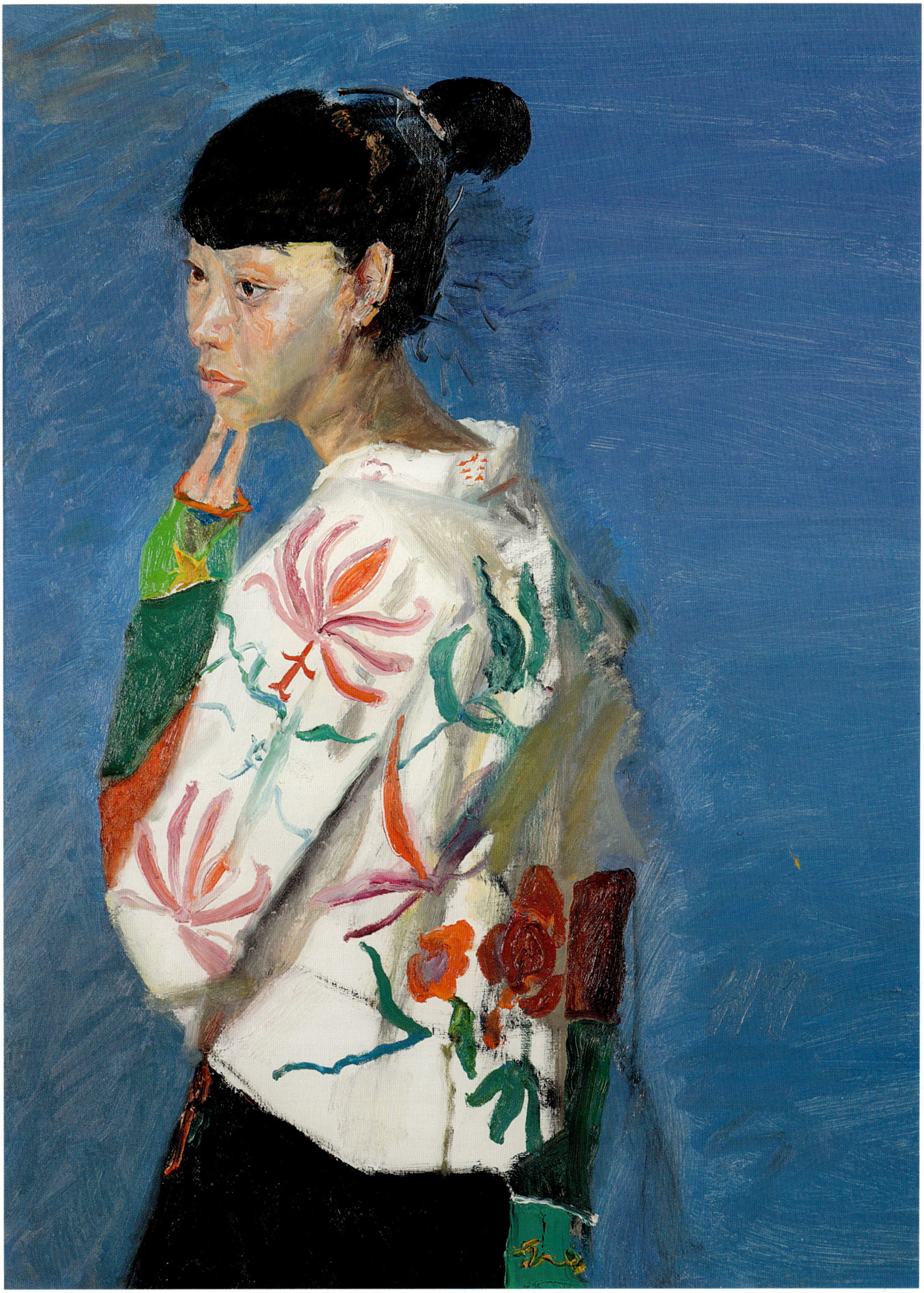

杨参军 参军的大地之三 200×300 布面油画 2012

杨参军 参军的大地之二 200×300 布面油画 2012
杨参军 参军的大地之一 200×300 布面油画 2012

杨参军 静物之四 80×100 布面油画 2010
杨参军 静物 布面油画
杨参军 静物之一 90×120 布面油画 2010

中国具象油画实力派人物

钱　流

【凤池观察】近年无论在长三角还是在京津塘抑或东南亚的国家和地区，钱流先生的戏剧人物受到众多藏买家的认可与青睐，市场表现很是不俗，因此也引来越来越多的投资与收藏人士对其人其画的热切关注，在其戏剧人物之外，本期特别选择了钱流先生的青春人物系列作品，这些作品大多是画家的随性之作，舒缓中潜藏创作的激情，把人体与肖像的独特魅力铺陈画布，展示出一位全面好手非凡的才思才情，把青春靓丽带给每一位读者。

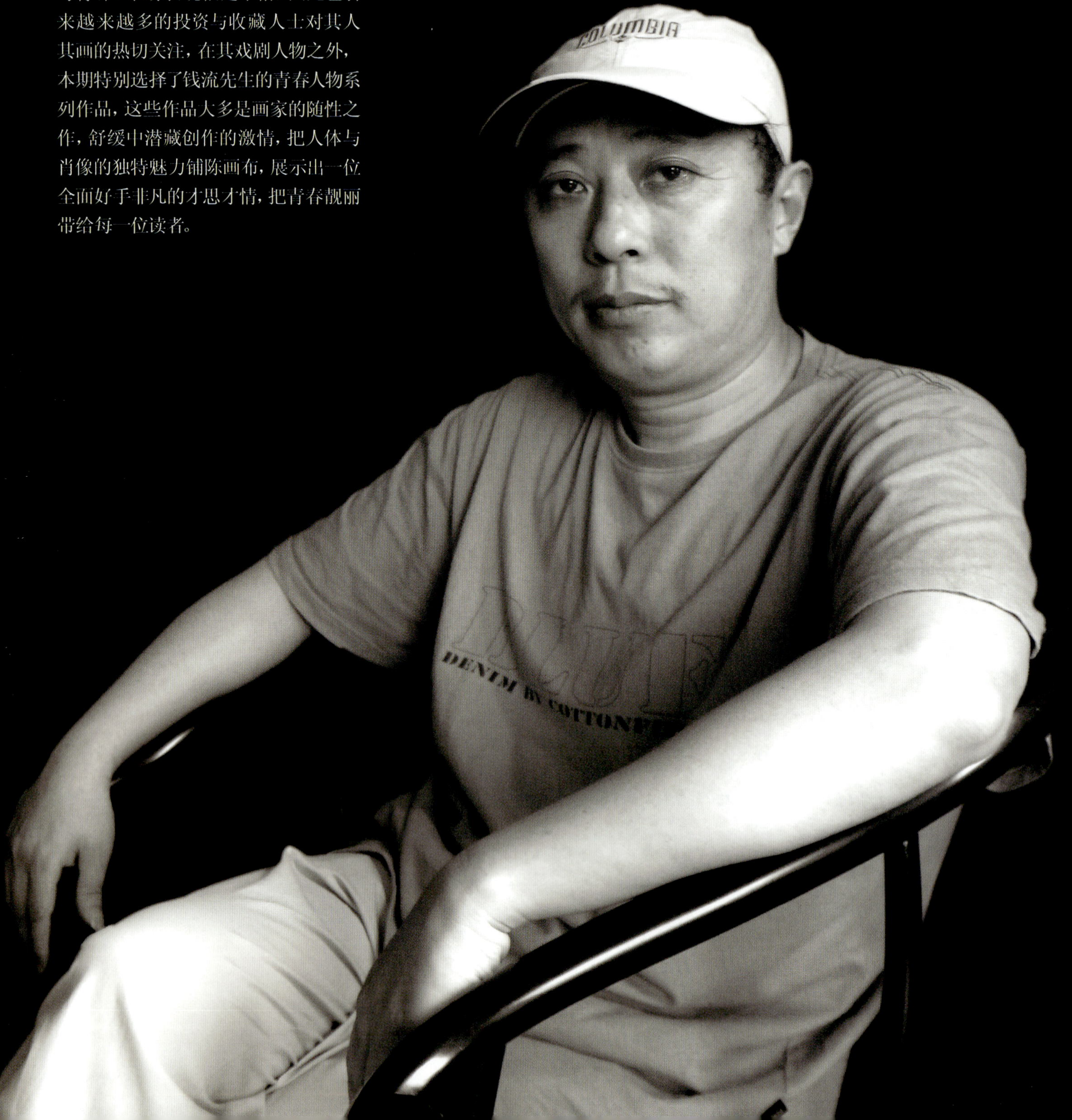

生活世界与表现世界

——钱流其人其艺

文 / 杨参军

十几岁时就知道钱流的大名，当时他的绘画在皖北地区颇有影响。1984年有幸交往，转瞬已近20年。

钱流是个内心很“阳光”的人，他总是乐滋滋地接受生活中发生着的一切。他身板小巧，但精力过人，生活中遇到再大的难处，经他幽默的点拨后，都会大事化小无足轻重了。因此，我喜欢和他聊天，并从中受到了许多的启发。然而，他的内心也深藏着一份执拗和认真，或许那才是他对生活和对艺术的真实表白。

在生活世界中，他是一个聪明而干练的人，他做事认真、果断，从不拖泥带水。画如其人，他的艺术表现世界亦然如此。1987年我们曾同去四川的布托彝族地区写生，那时他的绘画就已开始尝试从学院式的写实语言向着个性化的装饰趣味和简化手法演进。他在写生中简化了那些表层的细枝末节，凸显了彝族人特有的单纯和质朴，这在他日后创作的《布托女》中得到了充分的体现。画面构图简洁而凝重，以黑色和红色为主调的色彩强烈地烘托出了蹒跚而行的布托女那朴实而神秘的影像。

那时我们也常在一起画肖像和人体写

钱流 红衣少女 50×40 布面油画 2007

生，作画时钱流总能从眼前的生活图像中提炼出自己表现方式。常见他拿着一支又大又秃的笔去描绘那些微妙的色彩和形体的变化，这使我纳闷，那支破笔如何能表达出那少女肌肤的细腻之感？然而画面中流动的银灰色调和微妙的明暗变化又分明地呈现着画家眼里的真实感受，造型洗炼、概括，色彩清雅、单纯，那支大秃笔实现了他从生活世界到表现世界的转换与跨跃。

岁月如梭。1988年我回到中国美院油画系攻读研究生，与钱流一别十多年，中间聚少散多，但和其作品见面的机会却一直没断，无论在杂志或展览会上，总能感受到他不断追求的印迹。

这些年来，他一直执著地走着自己的道路，亦逐渐地明确了探求方向。不久前，看到了他近段时间的肖像画，不觉为老朋友画面的变化感到惊讶，早年银灰的儒雅色调已荡然无存，充满画面的是毫无遮隐的大紫大绿，活脱脱的一种民间色彩，造型也比早年更加单纯和装饰。开始时尚觉不解，但看了他大量的戏曲人物肖像后，才逐渐地理解了这些年他苦心追求的方向，即更加自觉地在自己的油画语言中糅进对民族传统因素的理解和吸收。

油画是舶来画种，但从上个世纪初至今，它已在中国当代艺术中成为不可替代的重要形式，成为中国油画家承载自身理想和情感的重要手段。然而，这一百年来，我们也许向西方艺术的学习多于自身特立独行的思考和表达，有时甚至出现过简单模仿的倾向。因此，如何建立起中国油画家独立的精神品格和表现方式已成为时代对我们的要求。当然，我们也深知，这种品格的建立决非只是一个空泛的口号，它迫使我们在学习西方绘画的同时，重新审视自己的民族传统精神，重新从自己的民族传统中发现支撑自身品格的精神因素和语言特征，并把它融入当下生活的体验之中。这一切研究和实践行为都不可能是一蹴而就的，它只能是一个绵长而难苦的奋斗之路。钱流正在做着这样的努力。这十几年来，他在肖像或人体的写生中，将学院式的灰色从他对生活世界的观察中逐渐去除，寻找的却是具有某种民族民间特征的强烈的色彩感受。

他长年持守着去描绘戏曲人物，那些古装戏女们仿佛离今天的现实境域很遥远，她们的举手投足、扭脸转身都显得那么缓慢而矜持，她们与当下这个疾速变化着的时代有着深重的矛盾和冲突。

被时间和速度感挤迫中的现实是令人焦虑的，钱流描绘的古装女正体现了作者内心深处的忆旧情结，他想以此来逃离这劳顿而焦躁的现实回到单纯的宁静之中。

然而，这情结只能留在梦中了。他的画面不正给我们营造了这似真如梦的图像吗？这些人物常显隐于画面厚涂的肌理之中。形象显露时，我们看到了这些戏女，她们在平面化的空间、装饰感的线条、浓艳的色彩中显形，呈现着作者在传统文化中拾零寻觅的轨迹。形象隐遁时，我们又感受到了西方油画特有的笔触、肌理，光影和色彩变化所营造的混沌气韵，它像在断墙老壁上，镌刻下了作者在生活与艺术、东方与西方间流连忘返、乐此不疲的探寻之痕。

不久前的南非之行，又见钱流，他依然幽默而健谈，他的心态依然年轻。

钱流 黑衣少女 100×100 布面油画 2010
钱流 梅兰芳之五 180×120 布面油画 2008

钱流 坐着的女孩 布面油画 2007

钱流艺术简历

生于1954年，1982年毕业于安徽师范大学美术系，1991年浙江美术学院油画系进修结业。1984年至1998年淮北煤炭师范学院美术系任教，任系主任。1998年至今苏州大学艺术学院美术系副教授，中国美术家协会会员。作品多次发表在《美术》《中国艺术》《装饰》《艺术界》《江苏画刊》等刊物。并出版了《油画技法》《钱流油画作品集》《钱流江南之韵系列》。

参展获奖

1984 油画作品《做新衣》入选第六届全国美展。

1986 粉画作品《渔家女》入选全国水彩水粉画展。

1987 油画作品《母与子》入选华东六省一市青年油画作品展，浙江博物馆收藏，同年，油画作品《布托女》入选首届中国油画展。

1989 油画作品《女人体》入选中国（香港）油画精品展。

1994 油画作品《傣族姑娘》入选第二届中国油画作品展；同年，赴新加坡举办画展，多幅作品被收藏。

1996 油画作品《白娘子》获中国艺术博览会优秀奖。

1998 油画作品《穆桂英》获江苏省首届美术节铜奖。

1999 油画作品《游园惊梦》获江苏省油画大展铜奖。

1999 粉画作品《白娘子》入选第九届全国美展。

2000 粉画作品《梅兰芳》入选第五届全国水彩水粉画展。

2001 赴意大利、法国、德国、西班牙等国进行艺术考察，并在意大利举办画展。

2002 赴南非访问并参加"中国油画家作品展"。

2004 参加中国油画学会江南风景写生展。

2005 版画作品《傣族姑娘》入选第十届全国美术作品展。

2006 赴法国进行学术交流和艺术考察，并访问丹麦、瑞典、挪威。

2007 《昆曲遗韵》系列参加上海三种记忆油画展，同年，《昆曲遗韵》获第六届江苏省油画作品展优秀奖。

钱流 女人体 80×60 布面油画 2009

钱流 穿黄衣服的少女 80×60 布面油画 2010

钱流 男青年肖像 70×50 布面油画 2011

钱流 大学生 80×60 布面油画 2009

钱流 大学生 130×90 布面油画 2010

钱流 大学生 80×60 布面油画 2010

钱流 大学生 100×80 布面油画 2011

钱流 穿红衣服的女孩 布面油画 2011

钱流 人体 80×100 布面油画 1998
钱流 穿紫衣服少女 80×65 布面油画 2010
钱流 大学生 80×65 布面油画 2009

2009.10

钱流 人体 70×100 布面油画 2008
钱流 大学生 80×65 布面油画 2010
钱流 人体 70×50 布面油画 2009

2009.10

钱流 昆曲遗韵之五 170×120 布面油画 2006

钱流 昆曲遗韵之一 130×90 布面油画 2005

钱流 昆曲遗韵之四 180×90 布面油画 2007
钱流 游园惊梦 250×170 布面油画 2008

钱流 梅兰芳之一（局部） 250×160 布面油画 2007
钱流 昆曲遗韵之七 100×70 布面油画 2007

钱流 梅兰芳之三 200×100 布面油画 2009
钱流 昆曲遗韵之三 100×80 布面油画 2006

中国写实风格实力派人物

陈克平

【凤池观察】如果说陈丹青的油画带有几分浪漫主义的现实情绪，那么陈克平的油画则偏向于现实主义的写实关怀，画面的情节性和对细节刻画的入微处理构成了陈克平油画艺术的显著特色，画家特别善于画面的光影处理对空间构成的独特营造，青春而富有活力的年轻女性在他厚实而有弹性的色彩里显得美丽而神秘，从而拓展了画面的可读空间，在整体塑造上，我们可以看出他对卡拉瓦乔作品的深刻领悟。毫无疑问陈克平是一位以写实功夫饮誉艺坛的实力派人物，随着世人对写实作品的投资兴趣的愈发浓厚，其市场表现也会愈加精彩，腾升空间不可限量。

光线：情绪表达与意境升华

——绘画作品光线处理的探索

文 / 陈克平

一件绘画作品能够引起观众的心理感应，除了画面内容，构图、色彩、线条等营构要素之外，画面的光线处理是非常重要的。光线往往是画面的灵魂，将诸因素统一起来而形成画面和谐的整体，营造出画面一种特有的气氛并由此传达出一种情绪，在这其中即体现出画家的修养，也是对绘画的一种深层面的审美体验。不同的画家对光的理解有着自己特有的感受，这是由于画家禀性各异及审美观念不同，而所处的环境、时尚会从更广泛的意义上去影响画家对光的理解。然而人们对光的认识还有着普遍意义上的共同认可，由于人们相似的感触经验，构成了对光的审美知觉共同的心理基础，从而在意识中形成了对光的审美观念的趋同性。本文拟从艺术审美角度，并结合自己的实际创作感受，对绘画作品中光线处理问题作进一步的探讨。

一

光线本来作为一种自然现象，和人们的

陈克平 韶华之二(局部一) 布面油画 2012

生活和心理感受有着十分直接的关联，它寄托着人们的希望并给人们带来智慧。几乎所有的民族的和宗教有关的创世神话传说中，创世的过程和光的来临无不息息相关。《圣经》中就是以阳光的色彩象征着上帝的光辉，“上帝说了要有光，于是就有了光”（《创世纪》）象征着天国和上帝的金光和白色是照亮人类的“真光”。远古的先民茹毛饮血，日出而作，日落而息，过着原始群居的生活。是火光给人类带来了生存的实质性的飞跃。黑暗中燃着大火给人类带来光明，带来温暖，也带来了精神上的希望。光作为人类生命的条件之一，影响着人们的深层心理和全部精神层面，作用于人的思想感情，并产生生理和心理作用的情绪联想。就人们的普通经验和直觉来讲，当看红色的光时，人的感受是辉煌、豪华，由此引起生理感受是：兴奋刺激，并联想到战争、烈火等。绿光给人的直观感受是凉爽，平静悠闲，并联想到草原、大海等大自然的清新感觉。蓝光为寒冷、镇静，使人联想到蓝天、灵魂、天堂，并可能带来忧郁、悲哀的心理感受。黄光给人的感受为闪耀、灼热，带来的心理感受为光明、希望……虽然人们对色光有着很丰富的感性认识，但直到1672年，伊萨克•牛顿发现光通过三棱镜会折射出七色，人们才开始了解色彩感受的外在物理因素是光，并逐渐认识红、蓝、绿三种色光为光的三基色，这三种色光可混合出任何一种色光，这就是光学上的原色加法混合。若这三种色光等量混合则成白光，红光和绿光混合产生黄光，不同色光的波长和频率对于人的色彩视觉有直接的影响。红色光线处于光谱长波的位置且频率缓慢，故红光有扩张、清晰度偏低的视觉感观，这种物理和生理双重的作用，给人以兴奋刺激的情感。绿光波长的长度处于光线中间位置，所以绿光给人的视觉反应最为敏感并给人以平静的感觉。而蓝光在光谱波长的长度较短的区域且频率高，所以给人视觉清晰并有收缩的光色视觉效果。这种由于光波的频率和波长对视觉的作用差异的特点，构成了人对光色感觉的本质认识。由于不同光线发出的特定波长的光作用于人的视觉机能的结果不同，它给人的各异的感触经验，这就构成了人们对光的审美知觉的心理基

础，并在意识中形成对光的审美观念。

面对着清晨明晰柔和的朝霞人会感到心情舒畅，中午强烈的辐射光会让人感到焦闷，而黄昏落日的光线会使人引起丰富的思绪或富有哲理的遐想和感怀。明亮的光线象征着光明和希望，柔和的光线暗示着幽静，漫射的散光则给人安祥的情调。而一旦这些光线效果运用在艺术作品特别是绘画作品中，就能激起欣赏者的联想，产生共鸣的感应效能。王宏剑的油画《阳关三叠》取景于清晨，当一轮冷月还高悬在万川之上晨曦的中天，当最初的朝霞的光辉将候车牌抹上一层金光——新的一天又开始了，给一群车马劳顿的旅人带来了新的希望，也深深感染了观众的心扉。何多苓的油画《青春》取材于“文革”期间下乡知青的磋陀岁月，画面正午的阳光直射着灼热的土地，直射着表情木然、神态疲惫的知青，整个画面给人一种直逼的窒息感和无奈。在其他非视觉艺术的作品如文学作品、音乐作品中，人们同样可以感受到“光”。当我们一听到《渔舟唱晚》的乐曲时，一幅夕阳映照万顷碧波的画面真切地跃人眼前：波光粼粼，片片白帆沐浴着晚霞，随波逐流，渔舟满载而归，渔民悠然自得，给听者带来悦心悦意的遐想并共享“唱晚”之趣。“初唐四杰”文学家王勃所写散文《滕王阁序》中的名句“落霞与孤鹜齐飞，秋水共长天一色”，形象描绘出潋滟空朦、绚丽闪动的日落的光辉的独特感受而传诵于世人。清代曹雪芹所著论画文稿则有对光色的绝妙写照：“且看蜻蛉中乌金翅者，四翼虽黑，日光辉映，则诸色毕显。金碧之中，黄绿青紫，闪耀变化，信难状写……它如春燕之背，雄鸡之尾，墨蝶之翅，皆以受光闪动而呈奇彩。试问执写生之笔者，又将何以传其神妙耶？”曹雪芹的这段描写形象地表达了光对于色彩的直接作用。人们对光色的关系认识，在教堂的建筑中得到充分展示：变化

陈克平 祠堂里的阳光 190×200 布面油画 2003
陈克平 秋之约 160×130 布面油画 2010

的日光透过教堂窗户上彩色镶嵌玻璃，在这个客体的建筑空间和个人感受空间中获得神奇的光色变化。当人们置身于哥特式教堂中，四周由彩色玻璃所组成的色墙使得整个教堂内迷漫着神奇的光色直射和折射，“这种充满秩序的神秘气息的建筑效果源于絮热的理想，他要教堂体现和谐的美，要让信徒沉浸在‘超现实的光辉’之中，要让‘阴郁的心灵通过物质接近真理，而且在看到光亮时，阴郁的心灵就会从昔日的沉沦中得以复活。’”可以说，任何艺术作品中所表现出来的“赋形出象”的光感已远不是客观物象的光，而是艺术家通过想象和情感，保留和强化表象的本质特征，并深入某种情感或理念意图，对客观物象重构和再构，在这种重构和再构过程中赋于物象一种新的形态的具有审美意象的光色。

二

绘画作为视觉艺术的一个重要组成部分，是以光的存在为条件的，“一切形体都被光与影包围着。”（达芬奇）“绘画是一种‘光学’”。（塞尚）光线的运用是绘画中一个非常重要的语汇要素，并赋于所绘物象某种特别的暗示并渗透出某种情绪的传达。在一件绘画作品中，所描绘的物象处于不同的光源条件之下，如不同种类的光源、光照度、光的方向等都会使所绘物象的影调呈现出截然不同的视觉效果，其自身的调子与形态上的节奏变化也具有独立的美感。而根据画面需要传达的一种情绪宣泄或晦涩隐喻则可用不同的光线来表达不同的经验感受。当我们作逆光绘画时，逆光强调勾勒出物体的外形，呈现一种趣味的抽象概括，这种效果往往能使形态的轮廓特征明确而在视觉上得以迅速传达，将视觉张力的效果发挥到极致。当我们采取正面光源画物象时，由于大部分受光部分的亮度会使物象自身有一种发光的感觉，这种物理学上叫光的“衍射”，在这种状态中阴影一般分布在轮廓线的周围，且过渡缓柔，明暗对比较弱，使画面表现出淡雅轻快的效果。当我们作顶光绘画时，自上而下的光线的三维特点造成对象形体的浑厚及有力的节奏感，轮廓线和投影边缘的明确往往会激发作画者直观迅速地捕捉到对象造型的实质形态美和力度及视觉魅力。

当我们运用底光来描绘人物形象时，因为它违反了人们在通常布光条件下的观察习惯，会使正常的形象发生逆转和颠倒因此会造出一种不安、恐怖以及神秘的气氛。

光线直接运用于绘画作品中，上溯可源于罗马庞贝的壁画，但对光真正的观察与描写是以提香、乔尔乔内开始，到伦勃朗、委拉兹贵支及荷兰画家等进步，至法国印象派而达到极致。伦勃朗和维米尔同是西方绘画史上公认的用光大师，然而他们各自的作品中用光所表现出来的画面效果则迥然不同。在伦勃朗的作品中，“不只是要在画面上形成一种强烈的光暗对比，主要的是为了达到一种超出光暗作用本身的、更崇高的目标。那就是，这种用阴暗来衬托出光明的结构，能使读者立刻远离现实而沉浸于艺术的境域的幻象中。”“仅露端倪的一种调子，一道反射，一个轮廓，会使人觉察出其中所有蕴藏。受着这捉摸不定的境界的刺激，观赏者乐于在想象中唤起种种情调。画中的景色似乎包裹在神秘的气氛之中，这种艺术效果，使人联想到罗丹所说的话：‘运用阴暗即是使你的思想活跃’”。如果说伦勃朗的绘画是用光在画面上追求戏剧般的效果，那么维米尔的作品则用光创造出一个结构明确、条理清晰的天地。他的作品“所描绘的室内生活极其单纯，一两个人物静静呆在整洁的室内，光线从侧面的窗子透射进来，将人物笼罩在均匀弥漫的透明空气气氛中。平凡的现实仿佛得到净化和升华”，匀净的光线“将静态的构图，简洁的造型，明晰的空间组成在一个和净的静谧的世界，从中散发出一种超然的古希腊艺术般的清新气息”。

印象主义画派作为19世纪法国画坛上一个标新立异的画派，其革新在于以动态光色感知形式真正给现代人现代性的光色感知。他们摈弃代表上帝的静态光线永恒性而再现自然光色的动态性，用一种力求自然真实状态的光色替代传统油画中那种虚拟的明暗法。这一画派的产生源于一群志同道合的

陈克平 各自的空间 163×175 布面油画 2005
陈克平 卡琳 130×120 布面油画 2011

艺术家，不满官方学院派的墨守陈规，探索艺术新的表现手法。另一方面由于当时科学上光学的发展，当时有关光学的著作纷纷问世，如德国科学家赫尔姆荷尔兹所著的《生理学的光学》，光学家马塞尔•布尔和扬•杜尔农合作的《色彩的秘密》，而查理士•亨利更是将光和色彩的关系直接与美学结合起来，并提出相关的艺术法则。印象派画家深受这些实证的影响，认为画家要从“光”与“色”的观点上去认识客观世界，“光”与“色”是画家所表现的中心而任何具体物象和事件只不过是表现“光”与“色”的媒介。

在这些画家中莫奈将外光表现从理论到艺术实践加以彻底完成，他反复试验用色彩分解的方法，陶醉于光与色的科学实验，把太阳光和空气中的色彩按七原色的原理分解出许多响亮的原色并将这些原色错综交织在画面上，成为绚丽的光色组合。卢那恰尔斯基称他的画"实际上都是短诗"。左拉评论他是"有力而细心地解释自然的画家"。丹尼斯（纳比派）指出印象派是"使一种心情客体化"。克莱夫•贝尔则评论说，印象派"共有一种新的，基本上'现代的'观察和理解自然的方式，从中获得感觉的愉快与欢欣"。

客观再现的光色表现在印象派走到了极限，物极必反，原本意绝对忠实地再现自然的光与色，结果却彻底瓦解了物象的实在感。随着20世纪西方诸流派的出现，一些艺术家以全新的理念和样式来继续进行着画面上光与色的实验，其中以20世纪60年代流行的光效应艺术为最。光效应艺术用几何形的组合、重复，并依靠形体的透视感和色彩的对比变化，利用色彩移动和空间波形，或利用制图仪器画出精确细致的线条并加上人工光色移动。当观者的目光扫射画面时会产生出快与慢、前与后运动的错觉，此时眼睛和大脑相互"时间差"的信号相交叉时会引起视觉感官上的紊乱。这时平面的画在观众眼中被产生出真切的凹凸隆陷感，或为眼花缭乱的波浪翻滚，或呈现出闪烁感和折射感的光效应。

综上所述，光线这个原本作为绘画的一个营构元素，之所以能在绘画作品中展现出神奇的魔力，在这其中有两个层面的原因：作为表现主体的画家，在画面上对于生活的表象的超越和建构出超越物态性和客观性的光色，赋予了光色在画面中新的形态和新的意义。作为审美主体的观者经过审美体验的心理状态的领悟，审美想象开始融入作品本身的感知情感体验中，并成为一种对艺术深层的理性把握，并与作品之间心物两契地用整个心灵去观照去体味去理解，步入更高

陈克平 韶华之二（局部二） 布面油画 2012
陈克平 阿凡 130×120 布面油画 2010

的层面，产生情感上“格式塔”的异质同构的共鸣状态。这种始于画家终于观者的互动，构成了光线在画面中作为一种特定情绪的表达的全过程和全部意义。

三

高大古老的祠堂内，一束来自天井的光线顺着施以彩绘雕饰的檐下额彷，顺着雕刻出卷草、云朵等纹样的木柱，洒在极富有原始作坊意味、还散发着浓浓的松脂芳香的高耸而粗矿的织地毯框架上，洒在几个不紧不慢地干活的女工身上，洒在错落有致的地砖上。周围空阔的墙壁，镂雕着格心槅扇门窗，更多的高大构架浓罩在一片朦朦胧胧的阴暗里，绰约浑沌，依稀可见……当我又一次来到江西宁都黄阪乡采风时，偶然踏进小布乡福利社办地毯厂时，那一瞬间跃进我眼里的这一情景强烈地吸引着我。其中不仅仅是那古朴淳厚的原始作坊氛围，不仅仅是那极富乡村牧歌式的劳动场景，还有光线——大自然的造化将这一切和谐地组织在一起。在光线的大一统下，有的物象被晶莹剔透的聚光照射，有的形成棱角分明的亮暗对比，有的则被含蓄沉着的阴影罩染，一些呈现出跳跃的闪烁感，一些则流淌着平稳的影调渐变。正是这些变化多端的景观萌发了我创作《祠堂里的阳光》一画最初的玄机，在尔后的创作制作中我也是十分珍惜这最初的萌动并将其一直伴随到画面的完成。近年来，我连续画了不少油画作品，其中我认为较为成功并在画面较好地运用光线处理的画面有：1994年所作《老屋》，以及近期完成的《祠堂里的阳光》。在《老屋》一画中我力图用光线来营造一种特殊的历史气氛，而《祠堂里的阳光》则利用光线来渲染一种乡村乌托邦的理想境界。为了在《老屋》一画中准确地把握一种历史的感觉，而不能仅仅作为一般风俗性环境来描绘，除了画面的构图与内容方面的考虑，我在画面布光做了相应的处理。画面大部分处于阴暗外，画面中心表现红军壁画的主体墙面用对角线的光影来进行明暗划分。从纯粹的形式感上来讲，对角线给人一种不稳定、带有动感的情绪。画面墙壁上的红军壁画经纬分明的明与暗影调区域的直观处理和壁画里朴素的内容，协调地表现出鲜明的感情色彩，寓意着当年那段血与火的抗争，生存与死亡的较量。整个画面中没有一丝具有生活气息的活动，唯有空荡的老屋及记载着不同历史“年轮”的老墙，唯有阳光洒在木柱、门窗、墙壁上并留下各种形状长长的投影，这样较好地暗喻着日月轮回、斗转星移，增加画面一种神秘久远的沧桑感。《祠堂里的阳光》一画中对光线的处理采取更为自由的以追求戏剧性效果来调度画面。画面布光采用大实大虚，通过光区的归类划分、明暗的相互渗透、影调的相互转换来进行空间与形体的综合归类与切割，造成画面既整体又变化多端的光色景观。画面中鲜明的地域生活环境和大面积的暗调，强烈地反衬着被一缕阳光照耀得晶莹剔透、充满着现代气息、散发着青春活力的打工妹，这种画面总体上的收敛性布光能较好地营造出远离城市的热闹与喧嚣、人们过着恬静悠然自在的一种乡村牧歌式的生活，整个画面充满着古典的宁静和与世无争的乌托邦意境。

一件绘画作品上的用光处理，作为表达画家心绪的载体，不仅仅是明暗的运用的游戏法则，更是画家的一种深层面的修养的体现。画家运用光线这个媒介来制造出一种气氛，表达出一种情绪，才能使作品升华到一种境界。我在创作中努力做到这一点，也希望能达到这一点。

陈克平 非常经历 163×175 布面油画 2004
陈克平 静静的时光 140×180 布面油画 2008
陈克平 希望在即 130×162 布面油画 2008

陈克平艺术简历

现为华南师范大学美术学院教授、硕士生导师、中国美术家协会会员。

1952　出生于江西南昌

1975—1977　就读于江西文艺学校美术科

1978—1982　就读于浙江美术学院版画系（本科），毕业时获学士学位

1986—1989　攻读于浙江美术学院版画系木刻专业（研究生），毕业时获硕士学位

1989—现在任教于华南师范大学美术学院

1996　获美术学副教授资格

2002　获美术学教授资格

2006—2007　到中央美术学院油画系作访问学者进行油画材料的学习

陈克平 青涩 130×160 布面油画 2011

陈克平 云系列之三 130×120 布面油画 2012
陈克平 Eva 154×142 布面油画 2009
陈克平 飘 160×130 布面油画 2012

陈克平 云系列之二 130×120 布面油画 2012
陈克平 云系列之一 130×120 布面油画 2011

陈克平 正在吟唱羊羔体诗之当代隐士(修改后版) 172×138 布面油画 2011

陈克平 Eva no. two 120×120 布面油画 2010
陈克平 凝视 154×142 布面油画 2008
陈克平 炫 160×130 布面油画 2010

陈克平 青春密码 160×170 布面油画 2007
陈克平 玩偶 153×142 布面油画 2010
陈克平 流火八月之二 160×130 布面油画 2011

陈克平 青春无憾 160×170 布面油画 2007
陈克平 清凉夏日 154×142 布面油画 2009
陈克平 仲夏之梦 115×146 布面油画 2000
陈克平 202版画工作室 150×190 布面油画 2009

陈克平 憧憬 120×130 布面油画 2011
陈克平 胜男 130×110 布面油画 2008
陈克平 阿翠 130×110 布面油画 2008

Chenkeping

陈克平 双萌 130×160 布面油画 2011
陈克平 文子 150×130 布面油画 2010

陈克平 北方的玫瑰色 120×130 布面油画 2007

陈克平 热浪 160×170 布面油画 1999

陈克平 双人体写生 115×162 布面油画 2000

中国现实主义实力派人物

商亚东

【凤池观察】亚东先生的骨子里就有一种贵族之气，不求浮华，不随时尚，磅礴浑厚而不拘小节，人如其画，画亦如其人，以驾驭绘画语言来说，可谓好手中的好手。亚东先生注重明暗，戏剧化光影效果在他的作品中被大大柔和化了，运用一些粗略、活泼、洒脱的笔触来塑造形象，强调人物的自然生动性，似乎感觉到对哈尔斯那种冲破荷兰团体人物画束缚之精神的迷恋，富有一种低调的浪漫主义色彩。近年来国内的重要展事都有佳作纷呈，《土地·家园》从数百件好手之作中脱颖而出，率先被中国美术馆收藏。现实深挖于实，具象不拘于象，主题与风格的这一对概念在亚东先生的作品里得到了深刻的诠释，而他的面貌在中国数以万计的艺术家中逐步显露，为学术与市场两界的认可，未来市场不可限量，单件百万千万纯在情理之中。

浮光掠影

——商亚东油画作品

文 / 单增

画家商亚东近年来描绘战争与日常场景的油画作品逐渐受到人们关注，引起业内外话题。首先不是因为他是什么艺术协会会长、主席或教授、主任头衔，其次也不是由于重金包裹拍卖炒作、举办大展，在刊物常年包版面炮轰读者视神经的原因。其闪亮的背景是多方面的。身居江南艺术重镇杭州，但处于艺术边缘中的边缘，有些无奈，也给了他自由的天地。他的画作具有扎实严谨的具象造型，娴熟的油画技法，善于运用流动变幻莫测的光影以及明快响亮而雅致的色调，现实主义式的回归表现，似乎没有章法的构图，似乎随意摄取场景一隅，亚东的油画有这样的情景。宅男玉女式的茫然，两性世界的游离，弥漫着布尔乔亚式的矫情，增进了社会观众浮世的心感同受与亲和力。没有江南具象表现主义式那么有学术支撑与缠绵，没有北方现世主义式痞味和扭曲造像，也没有取悦西方的机会和动力，画面中隐约还残留着些1980年代油画科班学子的某种矜持。

战争的内容成为他前些年执拗表现的主题，没有商业脉象，似乎不合时宜。但近年来，画作频频获奖，进行市场研究的可能更关注其题材暴冷的原因。其实他感兴趣于此的时间早于官方投入巨资的重大历史题材这一光荣任务。革命题材在商业时代褪色之后成为冷门，政府的采购金与市场的性价比也不匹配。即便是通过实力得到任务，大多艺术家真心实意投入的并非多数。当然 ，他处在体制外也没有机会接受派遣的红色使命，专注于此完全是出于自己的喜好，完全是填补与绘画长年疏离的心里空间。诚然，被市场接受也不会木然。

亚东1965年生于东北沈阳，还是考生的年纪就得过全国青年美展的大奖，当年在辽宁美术界的震撼勿需多言。1986年考入浙江

商亚东 静物 50×60 布面油画

美院后曾经创作过系列超现实主义情景的画作，梦魇的光与影把观众引入悖论式的图像逻辑中，在油画班发起策划的浙美首届新学院派展览中受到瞩目，成为浙美在85新潮后和89现代艺术大展前活跃的新秀。可毕业后的迷茫与拮据，迫使他融入经商的大潮，但1990年代商业的成功并没有把他完全hold住，绘画的诱惑让他10年后重新站在画布前，抹去虚华，摘下面具，收起了虚假的商场笑容，从业务的醉意中醒来，回归清贫的教书育人的讲台，去面对纯情少年的面庞，带领他们回归乡土体验自然，也让自己重温艺术的真情，继续淫迷于油彩和光影的变换快乐中。

战争中的人和民成为他关注的焦点，从一部黑白的历史纪录片了解到，他的家乡东北曾经为抗日和解放战争制造过很多武器弹药，没有这些支持，革命的步伐会缓慢，可老工业基地被资本主义市场经济彻底颠覆后，这位在铁西区成长中留下的记忆是否被唤醒？不得而知。在有限的影像资料中，在黑白的世界里，有昔日的战火硝烟，有中华子孙的尊严，也有战后胜利者的茫然与疲倦。在浮光掠影中，庶民们的身影、表情，积极的、朴素的、愚拙的、破旧的片断，组联起来，还原出来，褪了色的底片被油画的语言渲染，远方总是有光或亮，灰冷凝重的色调中总是残存着丝丝暖意的光斑，苍凉中浸蕴着凄楚的希望！高原黄土的苍茫，青纱帐中婆娑的光影，秋后燥热的田野，冬日雪后的朗晴，春季雨雾的迷茫！辛辣的笔触与心绪交织在大尺幅的画布上，凭借光与影在叙述着前世今生，虚假的真实把观者吸入画中，体味油彩的芬芳，与昔日的民众跨越时空对白。没有红色任务，没有功名利诱，涂抹画面的动力缘自真实的心性与心情去描绘那些普通的，早已经被今日忘却的，没有功名的人与民，那些我们的父辈——一些没有名字的主角们。依据不同时段的光与色，凭借恍惚的影和象，去扑捉心性的图像视觉，让真实与意象的时光驻留，让淡去的历史画卷再现！

信息影像时代弥漫浸淫在我们当下的日常生活中，艺术的言语也与往昔有着巨大的差异，当代的中国艺术正在与时俱进。城市化商业大潮使士大夫的桃花源荡然无存，舶来的西式艺术还没有在误读中解脱，后殖民时代精神就扑面迩来，无形的枷锁让前卫与主流们同流合污、沾沾自喜。没有略知小技而矫揉造作的炫耀或与社会严重脱离的学院式无病呻吟，没有商业联姻的屈从卑微或得利者的轻浮张狂，也没有前卫们的喧嚣和骇人的喷血制作，更没有资格享受体制内艺人们的僵化、矫情或沉闷，当然，也没有一些准艺术家们的虚荣和养尊处优。

在崇尚技术、机器，手工技艺变得越来越不受重视的数码影像时代。他没有避重就轻，随波逐流，而是面对自己，面对当下，面对自身油画研究的历史身份和情结，延续遵循西方传统油画对于光色、光影、调子描绘特质，并有意味地进行透视空间的处理。这种怀旧的扑捉时空光影常被当代艺术审判官劫诟，但他尊重自己的习性，倾心投入，抓寻、纪录现世的生活片断、平常景象，窗前的一缕阳光，蜗居中的情侣、家人、朋友，围绕艺术家的单向度的生活、工作，带着拉菲尔前派的梦幻诗意，弗洛伊德式的茫然和巴尔蒂斯式的柔情，挥动交叠的油彩、笔触，让跃动的光色搅拌着城市小资情节的心绪构筑画面斑驳陆离的浮世掠影！冻结偶然的瞬间时光，塑造、描绘虚构的真实空间，去呈现真实于虚构的历史时空和扑朔迷离的世界！

商亚东 武器的传说 180×180 布面油画 2012
商亚东 武器的传说(局部1) 布面油画 2012

商亚东艺术简历

辽宁省沈阳市人，1965年生。1990年毕业于浙江美术学院（中国美术学院）油画系，中国美术家协会会员，浙江省油画家协会会员，中国民主促进会浙江会员。现执教于浙江商业职业技术学院艺术设计学院。

参展获奖

1985 入选国际青年年“前进中的中国”全国青年美展获三等奖。

1988 参加浙江美术学院“新学院画派作品展”。

1991 入选辽宁省庆祝建党七十周年美术作品展。

1994 参加在香港举办的“中国风情油画展”。

2001 入选“走进新世纪2001浙江油画大展”。

2004 入选浙江省第十一届美术作品展。

2005 入选“月映浙潮——2005浙江省油画大展”获铜奖。

2005 参加“活力钱塘——2005杭州油画展”获金奖。

2006 参加“坐标——2006浙江省高校教师提名展”。

2007 入选“庆祝建军80周年全国美展”。

2007 入选《“时代精神”——全国人物肖像油画作品展》获优秀奖。

2007 参加第五回中日友好东方美术交流展。

2007 参加双城印象（杭州-上海）油画展。

2008 入选“纪念中国改革开放三十周年全国美术作品展”，获浙江省油画大展优秀奖。

2008 入选2008——中国百家金陵画展（油画）。

2008 赴日本东京参加由中国文联与日本世界艺术文化振兴会主办的第六回中日友好东方美术交流展。

2009 入选浙江省第十二届美术作品展。

2010 入选“现实·超越 2010中国百家金陵画展（油画）”获金奖，作品被江苏省美术馆收藏。

2011 参加杭州“回味经典——12人油画展”

2011 参加中国艺术研究院中国油画院第二届“挖掘发现-中国油画新人展”获三等奖。

2011 参加新杭州——“三江两岸”油画名家精品展。

2012 作品参加“庆祝中国人民解放军建军85周年全国美术作品展暨第12届全军美术作品展”并被中国美术馆收藏。

商亚东 冷韵 120×160 布面油画 2011

商亚东 破晓 200×180 布面油画 2009
商亚东 生活甜如蜜 160×160 布面油画 2010(中国百家金陵画展金奖)
商亚东 破晓(局部1) 布面油画 2009

商亚东 金色的梦 80×100 布面油画 2011
商亚东 钥匙 100×80 布面油画 2010
商亚东 破晓(局部2) 布面油画 2009

商亚东 花香时节 120×160 布面油画 2011

商亚东 肖像 80×60 布面油画 2012

商亚东 窗前肖像 80×60 布面油画 2010(传承经典12人油画展作品)

商亚东 时间的回声 160×120 布面油画 2012

商亚东 心中的风景 160×120 布面油画 2011

商亚东 庆 150×80 布面油画 2010(传承经典12人油画展作品)
商亚东 故事 160×120 布面油画 2011

商亚东 土地·家园 200×150 布面油画 2012（庆祝中国人民解放军建军85周年全国美术作品展暨第12届全军美术作品展参展作品 中国美术馆藏）

商亚东 外面的世界 160×120 布面油画 2011

商亚东 习作二 80×60 布面油画 2010

商亚东 习作一 80×60 布面油画 2010

商亚东 一个人的天空

120×160 布面油画 2011

商亚东 风景写生No. 7 50×60 布面油画

商亚东 风景写生No. 6 50×60 布面油画

商亚东 风景写生No.2 50×60 布面油画

商亚东 风景写生No.5 50×60 布面油画（2011年新杭州"三江两岸"油画名家精品展）

商亚东 风景写生No.9 50×60 布面油画

商亚东 风景写生No.4 50×60 布面油画(2011年新杭州"三江两岸"油画名家精品展)

商亚东 风景写生No.10 50×60 布面油画

商亚东 风景写生No.8 50×60 布面油画

中国具象油画实力派人物

潘伟超

【凤池观察】在静止中表达人物姿态与表情的“好看”实在不是一件容易的事情，正如我们去欣赏卢西安·弗洛伊德的作品，要从悦目的角度去衡量一定会失望，尽管这位20世纪90年代英国最伟大的画家他的作品不令人视觉愉悦，但人们敬佩他真实的表达，以强烈的人性表现力有力地揭露深刻现实，揭示人性本身的深度。潘伟超先生也许也秉承着弗氏的这个特点对人的精神层面作一思考与诠释，他的画面理性而深刻，总让受众在冷峻中感受人与情的微妙关系，在目下中国受弗氏影响的如陈丹青、刘小东、于小冬、范勃等艺术家之外，潘伟超有着自己的独特的弗氏理解与表达并以一件件出彩之作展示于世人。

城市上空的俯瞰

关于潘伟超油画作品的解读

文 / 沈伟

从1994年起，潘伟超就开始涉足城市题材的油画创作了。那些大大小小的画面，看上去就像是一批关于城市面貌的“风景”，甚至像是一些始终在不断地变换着面貌和景观的“工地”。然而，这也确实就是目前反映于我们眼中的中国“城市”的印象。

中国的现代化，是由农业国向工业化的一个转型，而“现代”对于中国的含义，实质上，意味着中国首先要在国际化的情境中尽快完成城市化、或者说都市化的进程。

在那些关于现代艺术的讨论中，“走进都市”的话题，也相应地意味着我们首先要适应这一社会文化的转型过程，要以艺术的功能和文化的类型为角度，建构那些既符合国际化感觉、又显示着本土化目标的中国当代艺术。而对于生活在都市之中的艺术家来讲，更多的“当代性”艺术，则围绕着题材和样式而展开，尤其注重

潘伟超 暮 60×47 布面油画 2008

的，是某种材料的媒介语言对于具体生活环境的介入。它们是不断变化中的生活方式、价值观念、艺术态度，以及由于这些变化而显示的生活的情状和市井的影像。所有这些，都表明了艺术家们极力在一个混沌的现实背景中迫切地寻找着适合自己的主题。

这是一种焦虑，也是艺术家们迫于语言的自由表达而时时感受到的“现代性”压力。

在潘伟超的油画作品中，这一“城市”的主题，以他所生活的武汉为中心得到了另外一个角度的演绎。或者说，通过绘画的方式所能展现的视觉印象，他表达了个人对于城市这个概念的理解。这是一个具体的城市，也为他的视线所熟悉，因此这个城市的不同区域，常常在他的作品中以不同的角度或远或近地出现。然而这些画面往往也是抽象的。画面上没有我们经验中的城市所常见的那些都市化的标识，甚至也没有出现城市内部的活动的场景，但作为一种心理的空间，它们却在广角的天空下悄然地呼吸而又繁忙地运行。

就此而言，武汉确实概括了中国所有那些正在忙于建设的城市的“工地”特征。它是中国中部最大的城市，不特别发达，也不特别落后，而与其地理位置极其相合的，是它在城市历史变化的各个方面都显示出了一种中间的状态、一种中国目前最为普遍的方式：或许今天在某个边缘出现了一些建筑的楼盘，而明天，或许又会在另外的一个地方消失一片老街和树林。但所有的这一切，又为绘画题材的延伸提供了充分的理由。

潘伟超所在意的，是他以直觉来理解的一个城市的发展，或一个城市的城市化过程。远望城市，可以更为清晰地观察到它们的时空变化。潘伟超喜欢直接地观看所体会到的视觉效果，而且也习惯于观察之后的直接性描绘。因此，它们可能很现实、很具体，同时，也可能很虚无、很抽象。

在很多情况下，一个事物的外在的景观足以表现出其内里的精神性因素，在传统的艺术理论中，这常常被称之为“以形写神”，或“风格即人”。尽管潘伟超通过城市的母题表现着他对于当下现实的关注，但那些叙事的和情绪化的笔触，却又分明流露出他迷恋于架上的绘画兴趣，并以架上的方式经营着一个又一个的画面。这种表达的语言，是绘画性的，而对于这种绘画表达的解读，就仍然需要依赖审美的经验及其综合的想象。

艺术的本身是一种认识的模式，并且会带给我们某种超越于常识的感性。潘伟超依托于“城市”的油画作品，不妨可以被认为是一种提醒着我们因为“城市”而观看的眼光，并由此让人产生某种精神的触动。

意识到陷入于事物之中的迷失，可以说是一种经典的理性。一个城市，既为我们所熟悉，也常常令我们感到陌生；它既能够让我们进入，却又并不属于我们；而我们，既在城市之中，又在城市之外。

潘伟超的绘画，展示出城市的一些面貌和它的各个角度，由此也给予了我们谈论城市话题的一个理由。在某种程度上讲，他通过作品所反映的城市，只是城市上空的一个俯瞰，或者，只是由于这一俯瞰而显示的“风景”。但也正因为如此，潘伟超的作品为我们提供了一个朴素的视点，并让我们暂时离开身边环境和事物的具体限定，重新打量那些变化之中的“城市”。

潘伟超 四个女学生 120×180 布面油画 2011
潘伟超 街 50×60 布面油画 2002
潘伟超 瞰 80×60 布面油画 2004

潘伟超艺术简历

祖籍江苏，1966年生于内蒙古包头市，1990年毕业于浙江美术学院（现中国美术学院）油画系。曾任湖北省美术院油画创研室主任，现任教中南民族大学美术学院、硕士生导师，武汉画院特聘画家。教授、国家一级美术师、中国美术家协会会员、中国油画学会会员、湖北省美术家协会油画艺委会委员。

参展及获奖

1992 获《广州——九十年代艺术双年展》提名奖。

1994 参加《第八届全国美术作品展》。

1996 参加《首届中国油画学会展》。

1997 参加《中国青年油画展》。

1999 参加《第九届全国美术作品展》。

2000 《城市系列》日本东京个人油画展。

2001 亚洲当代艺术展（日本东京）。

2001 参加中国油画学会《中国小幅油画作品大展》。

2002 获《(物言——物语)湖北省小型油画\雕塑作品展》学术奖。

2003 参加《第三届中国油画展》。

2003 参加《第二届全国画院双年展》。

2005 参加《第三届全国画院优秀作品展》。

2005 《限制与自由》——秋市《美术文献》邀请展。

2008 韩国东亚当代——现代艺术展。

2011 《回顾与展望——湖北油画艺术展》。

2011 中国美术馆《具象与表达——武汉画院美术作品展》。

潘伟超 呼吸 155×195 布面油画 1995

潘伟超 家-1 110×155 布面油画 2011
潘伟超 女青年 40×30 布面油画 2010
潘伟超 家-1(局部) 布面油画 2011

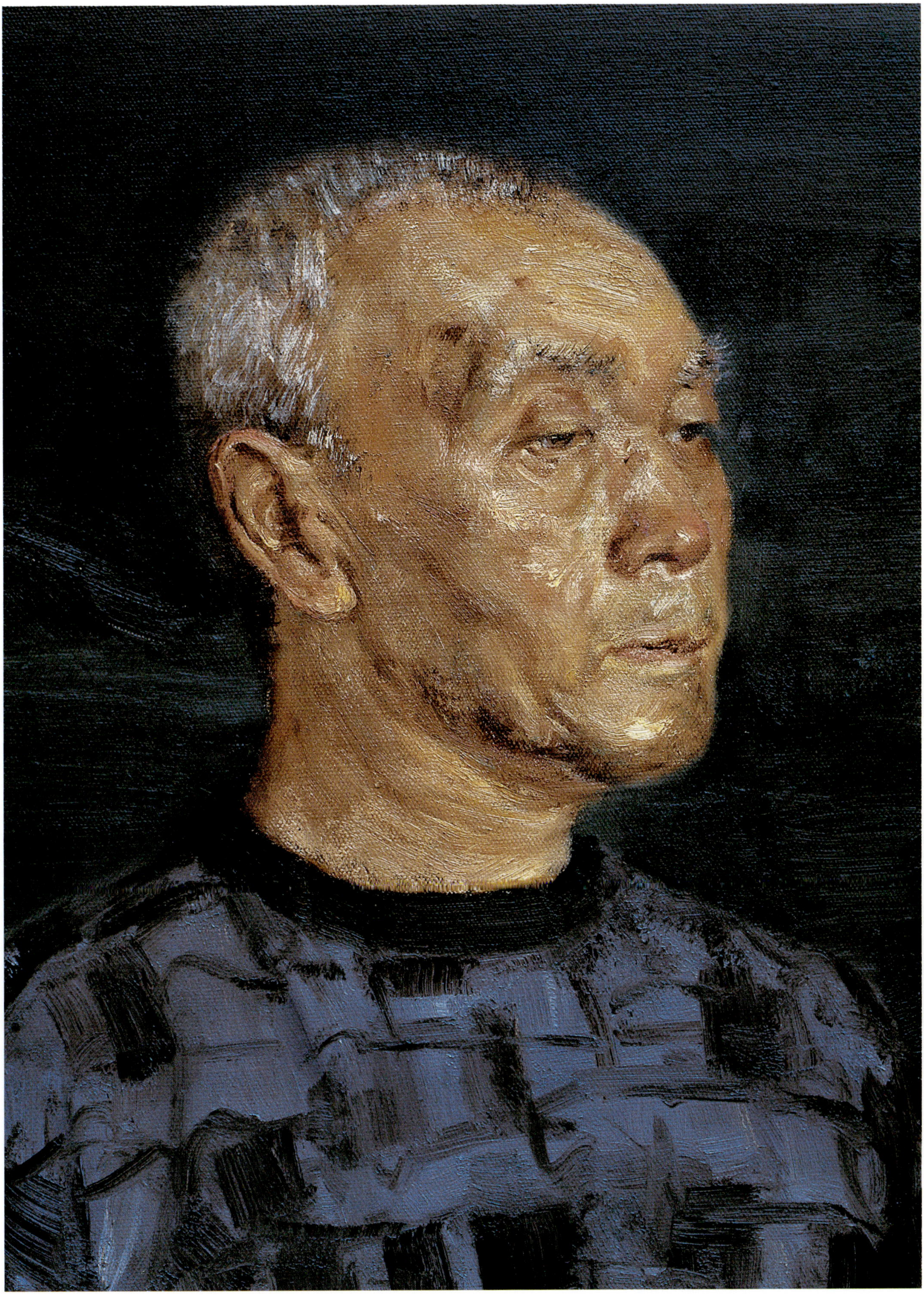

潘伟超 夫妻 130×180 布面油画 2011
潘伟超 老人 40×30 布面油画 2010
潘伟超 夫妻(局部) 布面油画 2011

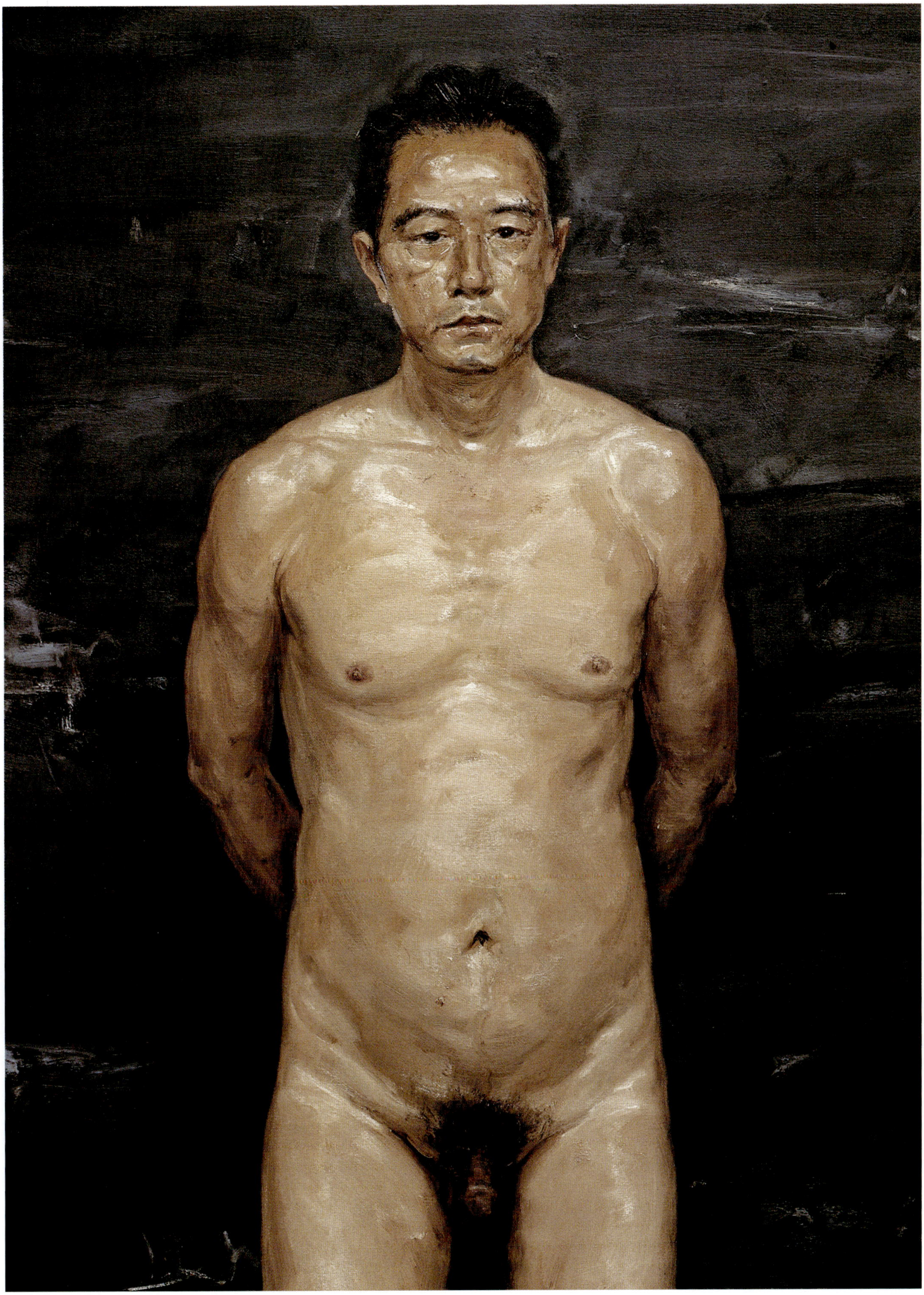

潘伟超 恋人 100×150 布面油画 2012
潘伟超 墙 180×120 布面油画 2010
潘伟超 恋人(局部) 布面油画 2012

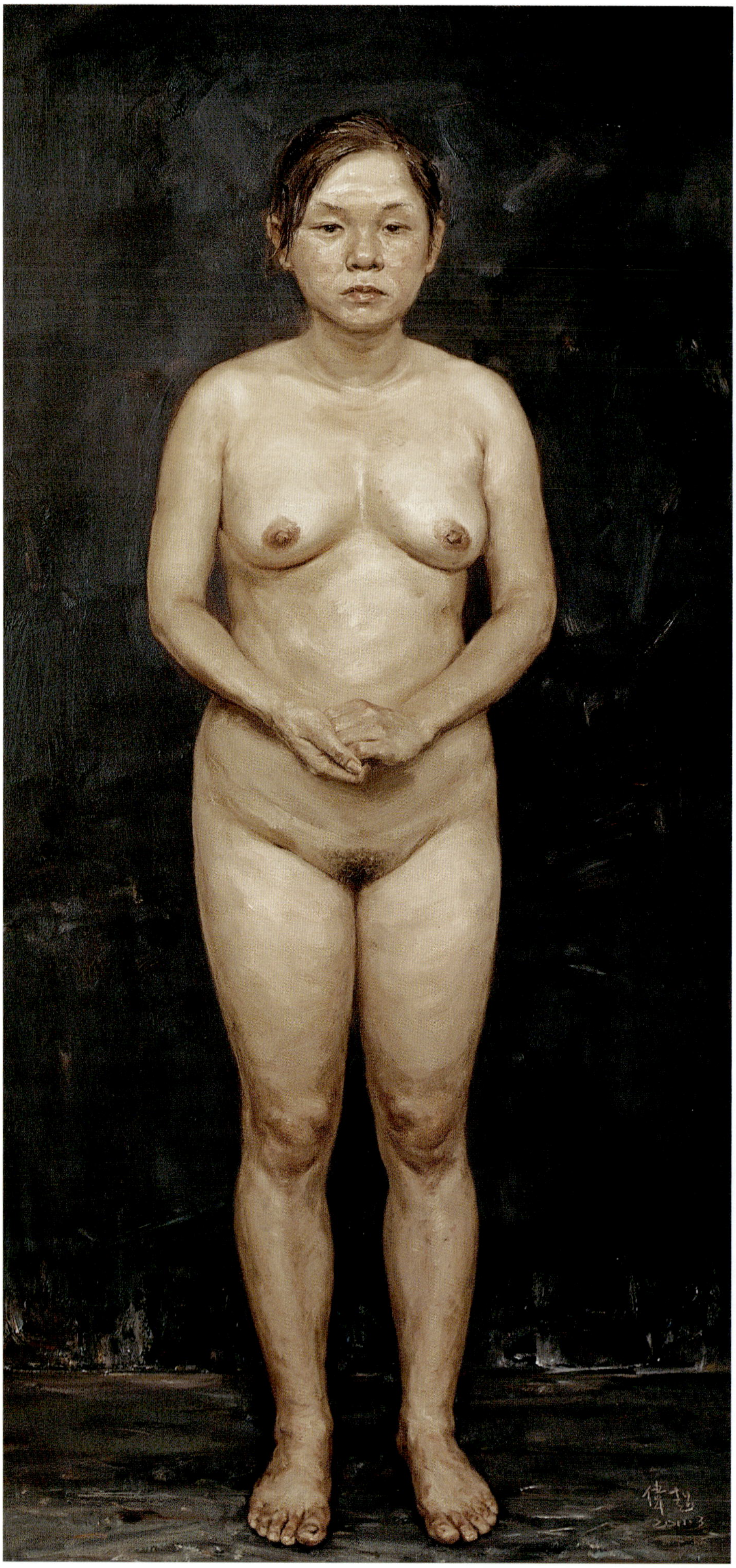

潘伟超 小英 180×85 布面油画 2011
潘伟超 母女 100×150 布面油画 2012
潘伟超 三个女学生 110×155 布面油画 2012

潘伟超 侧立女人体 190×60 布面油画 2010

潘伟超 人体课 110×155 布面油画 2012
潘伟超 家-3 120×180 布面油画 2011

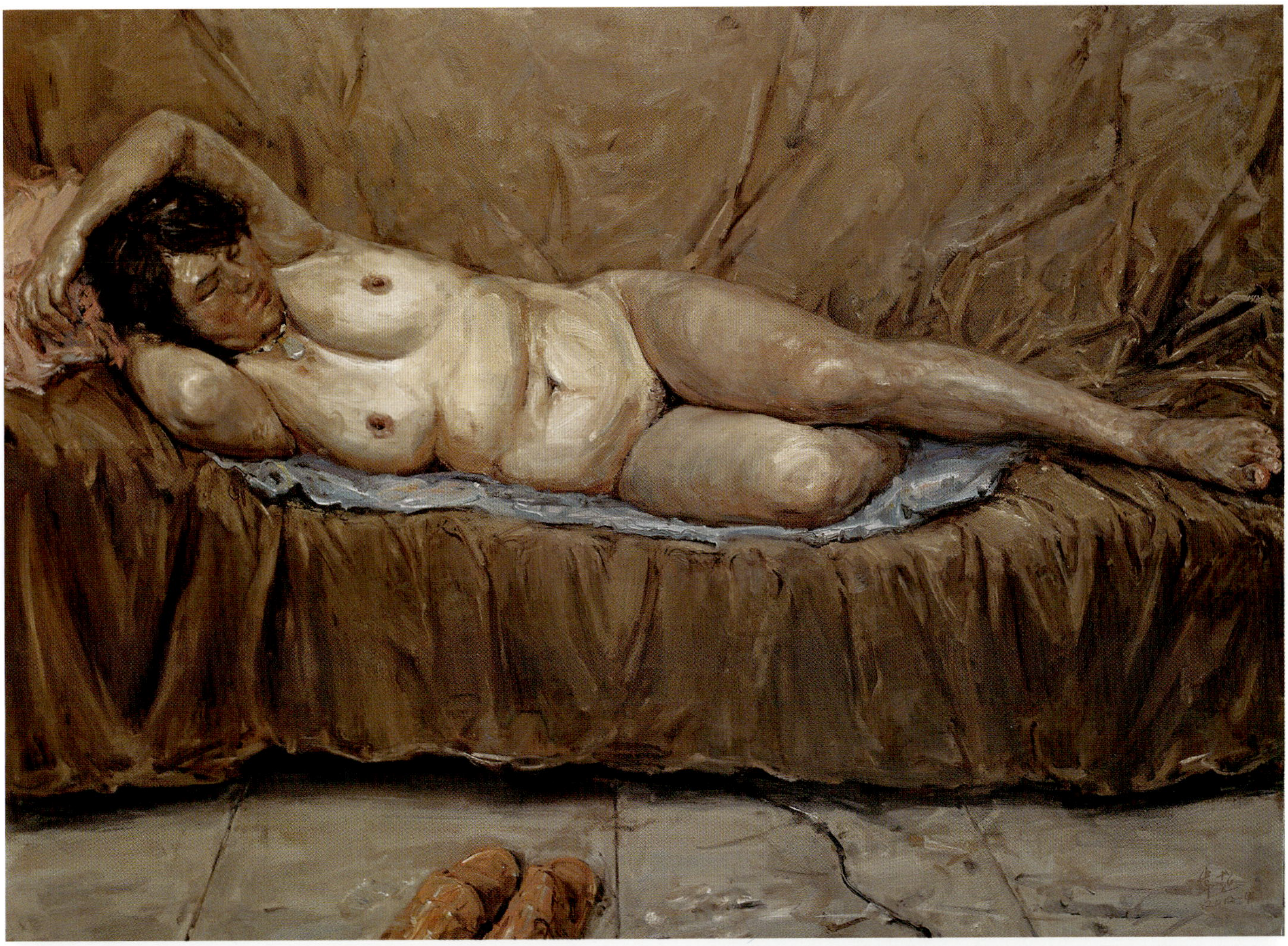

潘伟超 侧立男人体 190×60 布面油画 2010

潘伟超 三个男学生 110×155 布面油画 2011
潘伟超 家-2 110×155 布面油画 2011

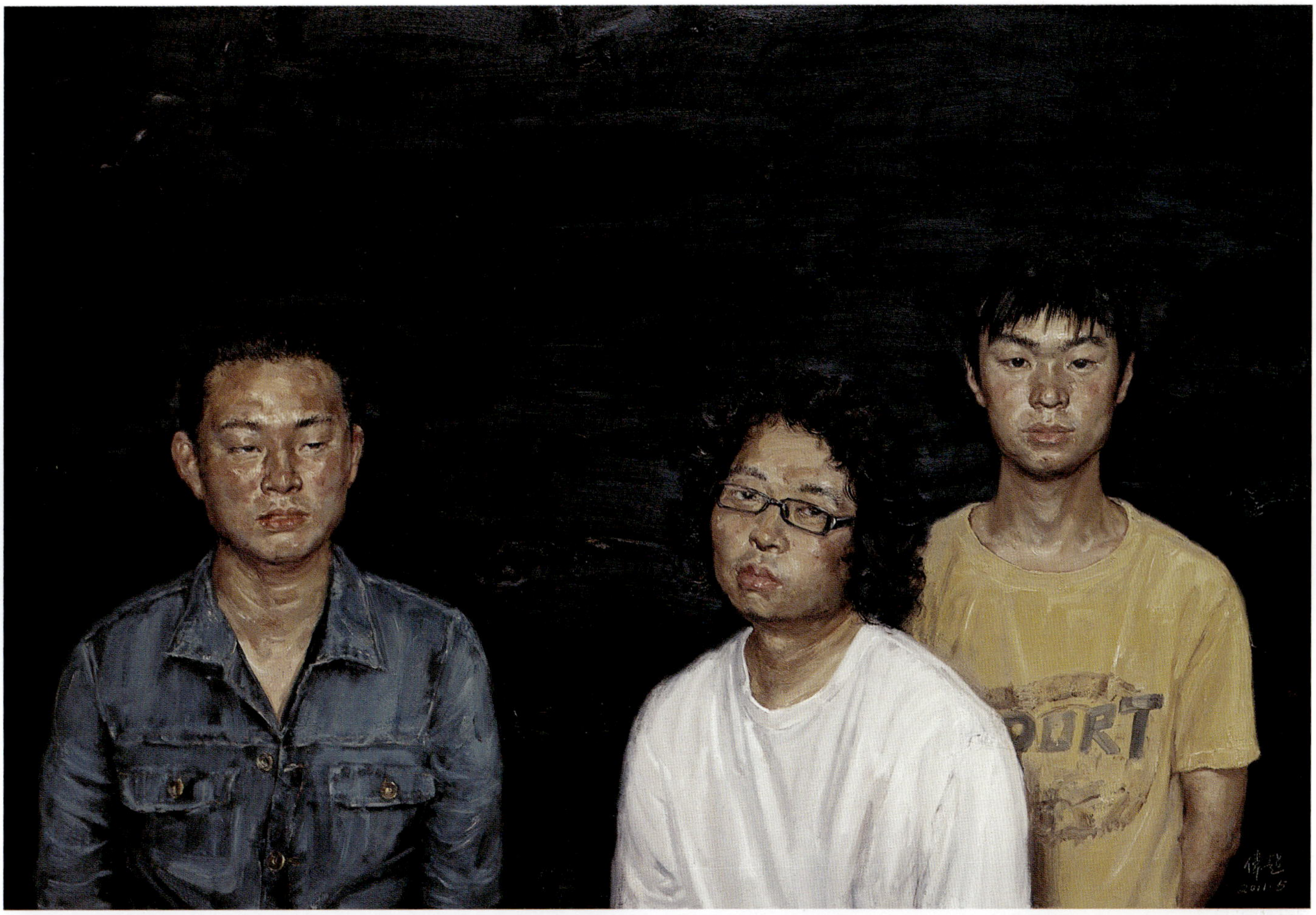

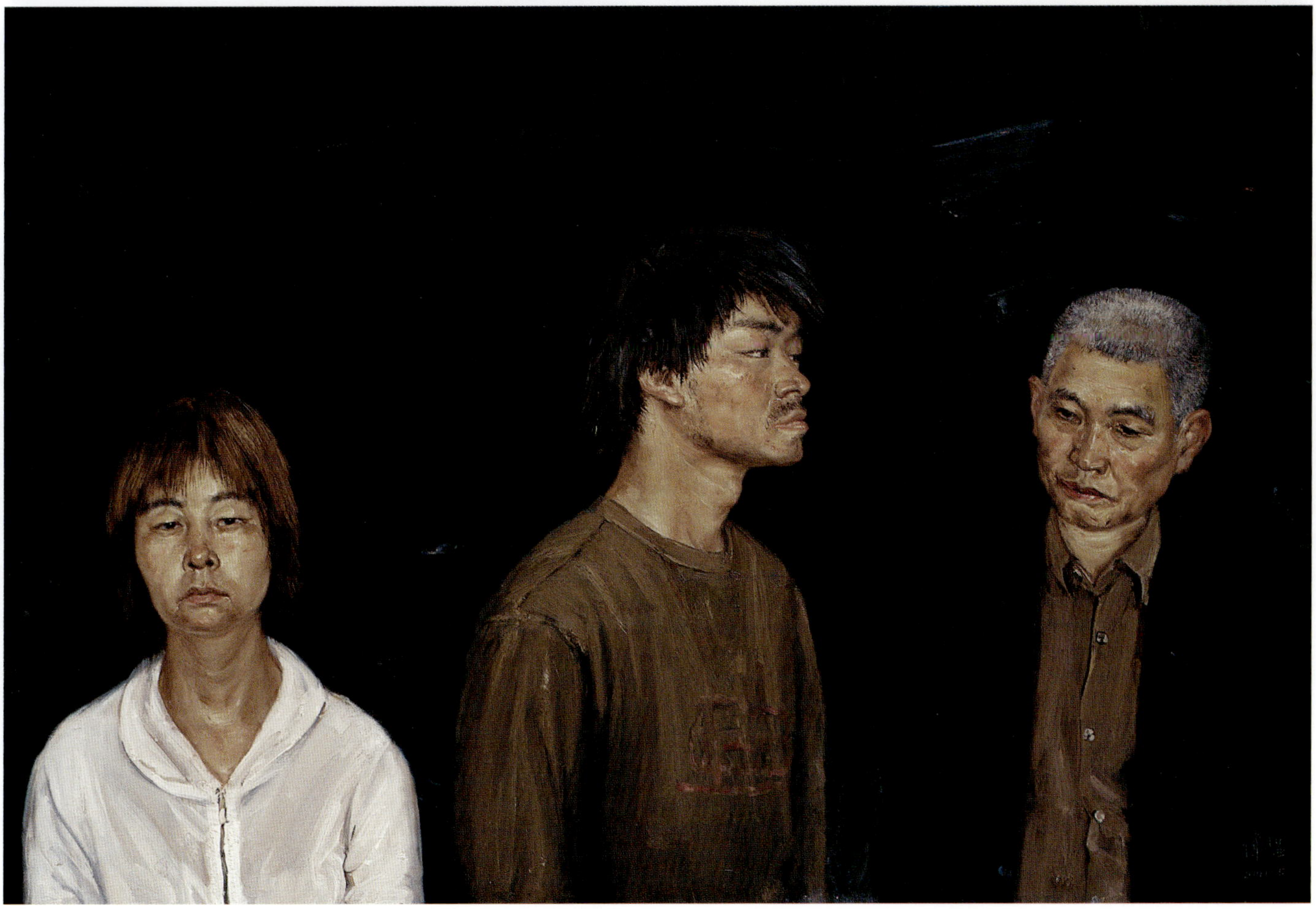

潘伟超 黑城 120×175 布面油画 2001

潘伟超 风景 30×40 布面油画 2012
潘伟超 城 60×80 布面油画 2004
潘伟超 黄昏 50×60 布面油画 2002
潘伟超 远眺 200×360 布面油画 2001
潘伟超 俯瞰 180×200 布面油画 2004

潘伟超 工地 50×60 布面油画 2001
潘伟超 屋顶 50×60 布面油画 2000
潘伟超 晴 47×60 布面油画 2008
潘伟超 新区 50×60 布面油画 2002
潘伟超 眺望 50×80 布面油画 2005

潘伟超 角落 60×80 布面油画 2010

潘伟超 鞋 80×100 布面油画 2011

潘伟超 人骨 60×80 布面油画 2011

潘伟超 三峡 120×170 布面油画 2002

潘伟超 露台

120×300 布面油画 2012

中国具象油画实力派人物

郭永文

【凤池观察】郭永文先生以写实的手法描绘他熟悉的自然景物，将视觉经验加以想象组织，并赋予浓厚的乡土色彩和人文气息，表现了人与大自然的交流与和谐，画家经常选用通俗的元素来构建画面，并以其丰富的记忆和联想，将生活中的片段化着令人愉悦的视觉感受，铺陈布上，清新和谐，寓美于景。永文先生于大量写生中融入中国传统艺术的成分，水墨里的枯涩浓淡，书法里的轻重缓急，篆刻里的疏密排部，壁画里的风蚀斑驳在其画面上都有不同的运用，一展东方美学的特征，所以他的本土特色的画面很能让我们产生心理共鸣，从而达到人画合一的艺术效果。

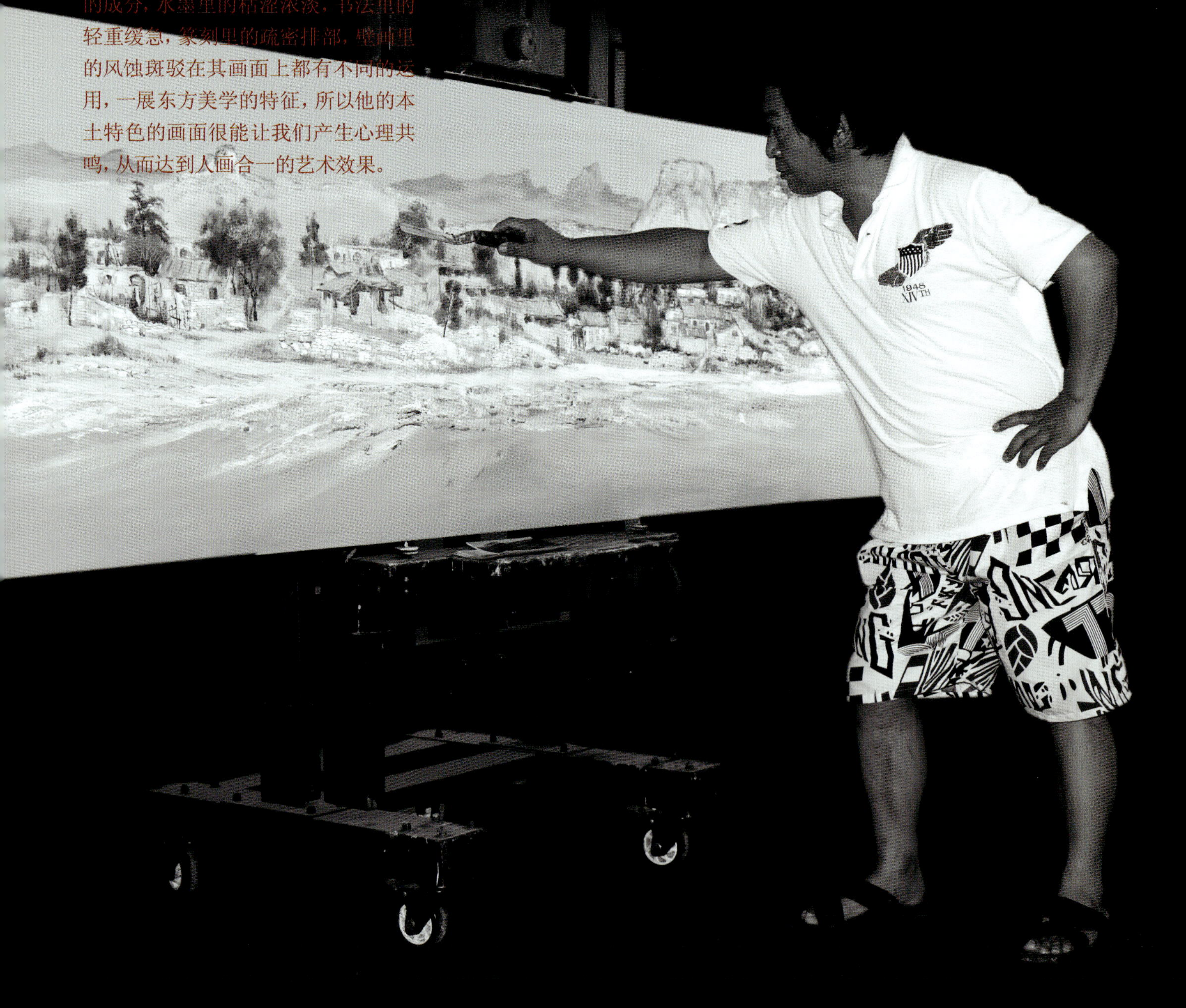

朋友眼中的油画名家郭永文

文 / 续鹤贤

好像墨子曾说过这样的话："名不可巧得，誉不可简得。"尽管是古语，却言简意赅，所言从古到今、天下万般真正成功者的美名和声誉均来之不易，我认为这话在当今中国的画坛并不尽然。

现如今绘画圈内权力资力集一身者，大名鼎鼎，如雷贯耳，却名不附实者大有人在，思想意识空泛庸俗，技艺平平却在圈内圈外大肆炒作、吹嘘名声远扬，市场拍卖巧取豪夺者不在少数矣！画友间每每谈及此类话题见贯不怪，总不免愤慨，无奈，也常自我发问当今中国还有凡高吗？

近些年来，我的目光被聚集在北京东郊宋庄一群群画家所吸引，圈内一般称其为"前卫当代、在野草寇"之类，数千名各色人等中鱼龙混杂、滥竽充数者不在少数、但也的确有藏龙卧虎真英雄者，油画家郭永文就是其中一位。

两年来，老郭画出了一屋子近百幅素色淡雅，笔法苍劲的风景画，准确的说是一批山水画，分明画的是山山水水，为何不能称其为山水画呢？他一改过去黄土高原的老调、景色构图的俗套，在我眼前展现出一幅幅怪石奇峰、小桥流水、幽谷村野、让我的神思游荡在宋元明清那高古清远的仙境中，淡淡的色调如梦似幻，近距离观赏品读又非前人那般程式拟古，分明是我们生活和游历的现实和真实。它既虚幻又实在，它是老郭梦中的故园，梦中的世界总多了那么几份情绪怀恋、感伤、郁郁忧忧、切切盼盼……

生性厚道、倔犟的老郭做事出手生猛、认

郭永文 李达窑 60×60 布面油画 2011

准的道儿总是从早走到黑不回头、要做的事不管水深浅脱了裤子就敢往下跳不迟疑。有人说，老郭的油画像国画，他对如此陈词滥调绘事戒律全然不顾、不予理睬，该死的保守陈旧的教条！

回想20世纪七八十年代，我就记着有不少人曾对吴冠中先生的绘画说三道四，如吴先生的油画像国画、水墨像水彩，现如今大师功德圆满集大成，有谁还敢如此这般说？只听的是：“他死的过早可惜”！对他留下的不论水墨油彩均视为珍品国宝，竞价上拍、屡创天价呼！我常感叹真艺术、真艺术的知音者有几多？

老郭是我多年挚友，年幼我四岁，平日里与我无话不谈，坐在一起夜谈，三五个钟头谈艺术是常事，记着还有过几次通宵达旦呢。而今已过不惑之年的他常会深情地谈及儿时的生活、难忘的见闻，美好爱情之类的话题。

老郭的家乡晋北宁武，此处人杰地灵，四季分明，更有雄关漫道乃历代兵家必争之地，他常常与我谈起宁武大雪封门、人不出户、滴水成冰的冬天，层层起伏的山峦、朦朦胧胧、若影若现在一片银色的世界里，每当此刻他总是目光深情、情绪饱满地一吐为快。

老郭作画是吃苦卖力的，少隔数日在他的工作室就会看到佳作连连，在他那油彩未干还散发着阵阵油香的画布上，灰灰的、淡淡的颜料，我好似感受到了老郭对家乡故园深情回望的目光，又好似走进他恍惚忧郁的梦境，这梦境超凡脱俗，空灵幽远、寂寞无声、冰清玉洁。

艺术贵在创造，创造风气之先，敢于背离前贤，甚至不断怀疑自己，敢于探索，探索某个未知的不定格的目标。中外历代那些开山创风气的大师都有着强大的内心世界和独立的思想意识，深厚的学养和不同的探索课题。

作为老朋友，我真心地为老郭的好而高兴，做事一向独立单行、脚踏实地、吃苦耐劳、对艺术执着痴迷的老郭：我预言他定会成大器、修成正果。其实，他早已是一个硕果累累的大名家了。

郭永文 边缘人之四 180×180 布面油画 2010
郭永文 家住晋北庄儿上 80×80 布面油画 2011
郭永文 听CD的女孩 100×80 布面油画 2001

郭永文艺术简历

1966年生于山西，1994年毕业于山西大学美术学院。1999年至2001年就读于中央美术学院硕士研究生课程班，中国美术家协会会员，山西省油画学会副主席。山西省画院签约画家，作品被德国、韩国、新加坡、中国香港、中国台湾等地收藏。现居北京。

参展及获奖

1995 作品《暖冬》参加第八届全国美展。

2000 中央美术学院美术馆举办个展。

2001 作品《黑衣女人》参加“爱我中华”油画作品大展，获银奖，并被台湾收藏。

2001 北京国际艺苑美术馆举办“新秩序”五人展。

2001 作品《高原初春》参加中国油画学会举办的“研究与超越”小幅油画作品大展。

2001 作品《健身房》参加第五届体育美展，并获山西省一等奖。

2002 作品《生存空间》参加纪念毛泽东同志“在延安文艺座谈会上的讲话”发表60周年全国美术作品展览并获优秀奖，山西省特等奖。

2003 作品《边缘人》参加第三届全国油画展。

2004 作品《梅山雪韵》参加第十届全国美展获全国优秀奖，山西省金奖。

2004 作品《古堡遗韵》参加第二届全国少数民族美术作品展并获优秀作品奖。

2005 作品《雪山》参加“人与自然”中国画，油画风景画大展。（中国美术馆、上海美术馆等巡回展览）参加《第三届全国画院优秀作品展》。

2006 出版个人画册《21世纪有影响力画家个案研究——郭永文》。北京工艺美术出版社。

2008 作品《边缘人》参加“融合与创造”中国油画名家学术邀请展。

2008 作品《静子》、参加中国油画写生作品展览。

2008 作品《边缘人》之三参加第十一届亚洲艺术节并被额尔多斯市政府收藏。

2009 作品《边缘人》之四参加第十一届全国美展并获山西省金奖。

2012 作品《店儿上》参加可见之诗第二届全国油画写生展。

郭永文 故园风景NO1 布面油画 2011

郭永文 李家山 80×100 布面油画 2011
郭永文 五台山 100×80 布面油画 2012
郭永文 塞北写生NO.12 60×80 布面油画 2011
郭永文 广武冬雪 130×170 布面油画 2009

郭永文 骄阳依旧 80×80 布面油画 2011
郭永文 碛口 80×80 布面油画 2011
郭永文 右卫深秋 80×100 布面油画 2011
郭永文 富家沟 97×130 布面油画 2011

郭永文 晋北写生NO3 60×60 布面油画 2010
郭永文 杀虎口2 80×80 布面油画 2011
郭永文 后沟 97×130 布面油画 2011
郭永文 日落莲花山 97×130 布面油画 2011

郭永文 庄儿上 80×80 布面油画 2011
郭永文 店儿上 80×80 布面油画 2011
郭永文 坪上 97×130 布面油画 2011
郭永文 塞北写生NO.11 60×80 布面油画 2011

郭永文 平顺初春 80×80 布面油画 2011
郭永文 右卫的早晨 80×80 布面油画 2011

郭永文 家住晋北店儿上 130×170 布面油画 2012
郭永文 太行幽谷之一 97×130 布面油画 2011

郭永文 庄上 80×80 布面油画 2011
郭永文 塞北写生NO.1 80×80 布面油画 2011

郭永文 庄上 97×130 布面油画 2011
郭永文 家住晋中后沟村 130×170 布面油画 2011

郭永文 太行深秋 80×80 布面油画 2011
郭永文 塞北写生NO.6 80×80 布面油画 2011

郭永文 太行幽谷之二 97×130 布面油画 2011
郭永文 冬雪 130×170 布面油画 2005

郭永文 塞北写生NO.4 80×80 布面油画 2011
郭永文 塞北写生NO.5 80×80 布面油画 2011
郭永文 杀虎口 97×130 布面油画 2011
郭永文 石湖河 80×100 布面油画 2011

郭永文 塞北写生NO.8 50×60 布面油画 2011
郭永文 五台山NO.2 100×80 布面油画 2012
郭永文 家住晋北麻峪村 90×180 布面油画 2011
郭永文 晋北写生NO.5 50×60 布面油画 2010

郭永文 晋北写生NO.4 50×60 布面油画 2010
郭永文 晋北写生NO.2 60×50 布面油画 2010

郭永文 李达窑的日落 90×180 布面油画 2011
郭永文 秋染杀虎口 80×100 布面油画 2011

郭永文 肖像写生 120×90 布面油画 2001

郭永文 静子 60×50 布面油画 2002

最具升值潜力的实力派艺术家

程瑞光

【凤池观察】近年频频入选全国重要展览，并得到许多前辈大家的好评——瑞光先生越来越受到世人的热切关注。瑞光人物、风景皆擅，技法娴熟而能自出机杼，秉承传统又能推陈出新，尤其可贵的是其笔下能尊重油画自身的特质，强调创作的抒写性，严谨构架而率意放达，打造出玲珑鲜活的清新画面，特别是对画面色调的把控，显示出瑞光的过人之处，“虚”与“灰”的运用弱化了物象的真切，质感强烈的笔触又强化了物象的艺术性，这弱与强的巧妙配合，渲染出一种巴尔塔斯式的迷幻氛围，给真实的人景情赋予了淡淡的神秘色彩，增添画面大度的可读趣味。瑞光这种有深厚表现功力又能贴近时代审美关怀的作为一定是将来油画市场的藏购主流，无疑是收藏投资理想选择。

心性之美

文 / 陈国力

前些日子得知程瑞光被山东师范大学美术学院聘为硕士生导师，他的学养和艺术水平得到了业内的认可和好评。欣慰之余也引起我对他艺术成长之路新的思考和认识。

结识程瑞光许多年来，给我留下最深刻的印象是他无论对艺术还是个人生活，都有超出常人的定力，这种定力来源于它能真诚地看待自己、对待事业、对待社会，而从不动摇。所以，他能幸运地避开当今的浮燥之气，在一个自己不经意营造的宁静氛围中悉心钻研油画艺术，一切是那么有条不紊，那么顺理成章。他的艺术水平就是在这种平稳状态中迅速上升，每次看他的画都有新的变化，能够看到他的追求以及自我完善，我对此十分钦佩。对一个青年油画家来说，顶得住多方面的压力，保持一颗纯净的心境从事艺术创作且能坚持学术上的追求和探索是多么的不容易，这都源自他对理想的崇高信仰，由此产生出对自我的客观分析和真实要求。正因为真实，他能不断的

程瑞光 九零后二 100×80 布面油画 2011

发现艺术创造中的美。一路走来，他通过艺术语言和艺术形式上的探索所取得的成果是显而易见的。观其作品，无论风景还是人物题材皆有感而发，他用油画特有的魅力抒发着源自内心的独特感受。传达给我们的多半是出自善良人性的温情和喜悦。如作品《小小程》似一首清新的小诗，用轻柔的笔调把儿童瞬间的率真之态刻画出来。画面里有一株带刺的植物富有象征，把稚嫩的儿童和其搭到一起是感慨于孩子成长的喜悦和忧虑。他敏锐的扑捉了孩子的眼神也投射出父亲之于儿子的瞩目。

他近期的艺术倾向于有变化的平涂点染与浮雕式立体造型的有机融合。他刻意在东方与西方、传统与现代、写实与写意之间寻求最符合自己心性的艺术语言，而且这种探索多半趋向书写式表现。他的作品接连不断地参加各类重要展览并被收藏，被省政府委托创作山东省重大历史题材美术创作工程作品。我们已看到他的成功，并期待着他将获得更大的成功。

程瑞光 在水一方·圣保罗教堂 60×73 布面油画 2011
程瑞光 在水一方·泊船 65×81 布面油画 2011
程瑞光 花解语一 116×89 布面油画 2008

程瑞光艺术简历

生于山东济南，1991年毕业于山东艺术学院。1997年入山东师范大学菲利宾柯油画高研班，山东美术家协会会员，山东油画学会理事，山东师范大学艺术硕士导师，济南市美术家协会油画、水彩艺术委员会委员。

参展及获奖

1998 油画《肖像系列之二》入选首届山东小幅油画展（青岛美术馆）。

1999 油画《人体系列》四幅入选山东省第七届新人新作展（山东美术馆）。

1999 油画《恐惧•欣慰•和平》入选第九届全国美展山东省展（山东美术馆）。

2001 油画《归》入选山东省首届写生作品展，获优秀奖（山东美术馆）。

2002 油画《度》入选第二届山东小幅油画展（山东美术馆）。

2003 油画《尘•梦》入选第三届中国油画展山东省展（山东美术馆）。

2004 油画《寂岭》入选山东省第二届写生作品展，获优秀奖（山东美术馆）。

2004 油画《奔腾时代》入选第十届全国美展山东省展获优秀奖（山东美术馆）。

2008 油画《惘》入选济南改革开放30周年经验•实验2008山东油画展，获三等奖（山东美术馆）。

2009 油画《闪客欢乐颂》入选首届青年美术大展，获优秀奖（齐鲁美术馆）。

2009 油画《希望号》入选第十一届全国美展山东省展，获优秀奖（山东美术馆）。

2009 油画《希望号》入选首届齐鲁风情油画展，获铜奖（山东图书馆）。

2009 油画《小小程》入选历史记忆•生活感悟山东省油画作品展，获一等奖（山东美术馆）。

2010 油画六幅入选山东省青年油画家提名展（山东美术馆）。

2010 油画《午后》入选研究与超越——第二届中国小幅油画展（中国美术馆收藏）。

2010 油画《生涯》入选第二届齐鲁风情油画展，获银奖（山东图书馆）。

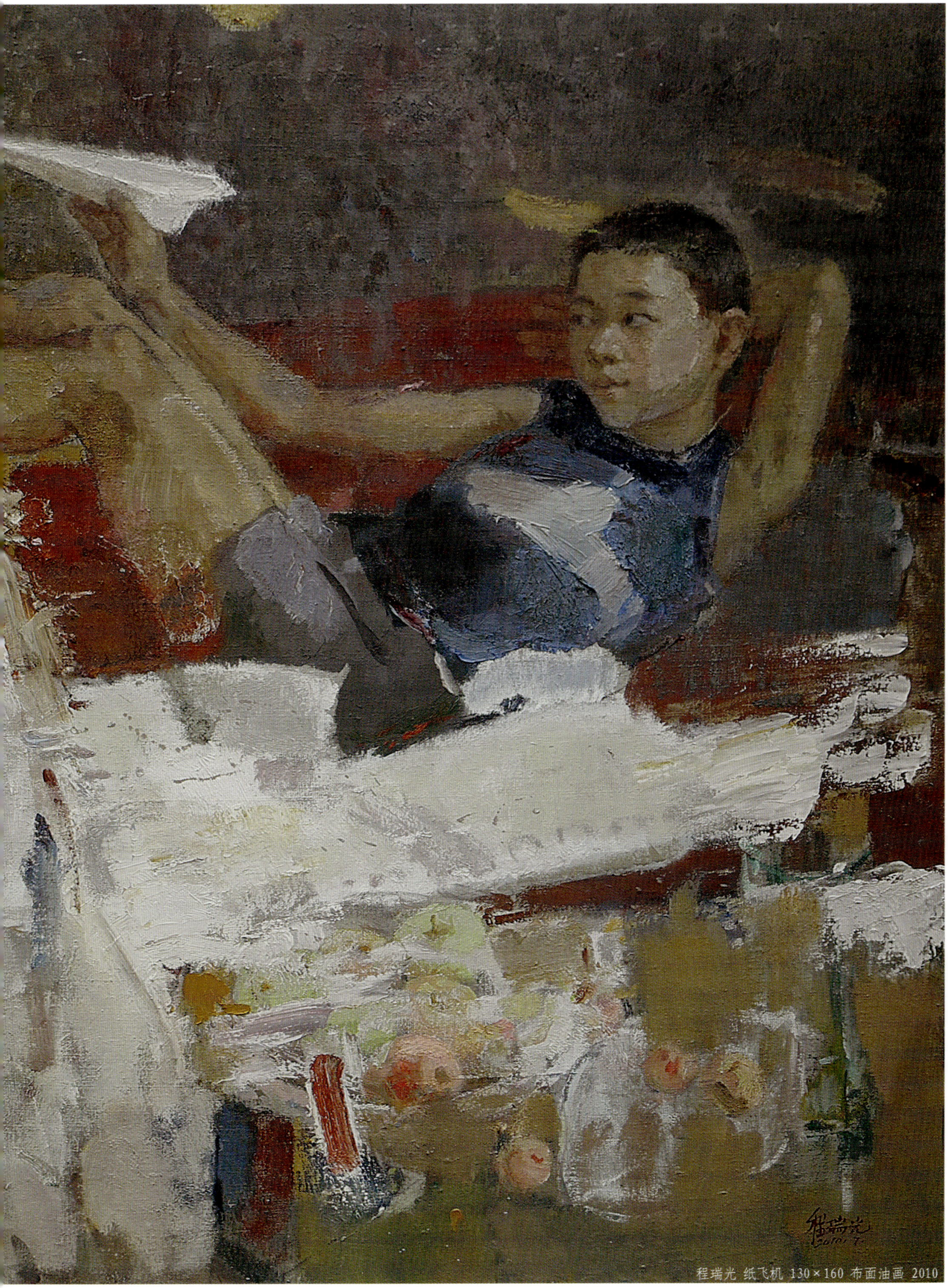

程瑞光 纸飞机 130×160 布面油画 2010

2010 油画《纸飞机》入选绘画VS影像——2010山东油画作品展，获一等奖（山东美术馆）。

2011 油画《第十一届全运会》入选山东省重大历史题材美术创作工程。

2012 油画《温暖家园四》入选可见之诗——第二届中国写生油画展（中国美术馆）。

发表

1999 油画《红帽少女》编入大学教育丛书《装饰绘画》。

2002 油画《天伦系列——夏至》编入《今日中国美术》。

2009 油画《小小程》在《中国油画》第六期发表。

2011 油画《南行记事》等九幅作品在《中国油画家》第五辑发表。

程瑞光 春之祭 130×160 布面油画 2012

程瑞光 守望家园 146×114 布面油画 2012

程瑞光 希望号 160×180 布面油画 2009
程瑞光 生涯 160×180 布面油画 2009

程瑞光 花解语三 97×146 布面油画 2011
程瑞光 花解语七 65×81 布面油画 2012
程瑞光 小小程 130×70 布面油画 2009

程瑞光 南行记事二 60×140 布面油画 2010

程瑞光 南行记事八 60×70 布面油画 2010

程瑞光 闪客·春季的忧伤 146×97 布面油画 2009

程瑞光 平遥 65×81 布面油画 2012
程瑞光 花解语五 81×65 布面油画 2012
程瑞光 花解语二 75×120 布面油画 2008
程瑞光 花解语六 65×81 布面油画 2012

程瑞光 在水一方 · 崂山茶园 65×81 布面油画 2011
程瑞光 南行记事十九 73×54 布面油画 2010
程瑞光 钓小鱼 50×65 布面油画 2010
程瑞光 温暖的家园四 50×65 布面油画

程瑞光 南行记事七 60×70 布面油画 2010
程瑞光 南行记事九 60×70 布面油画 2010
程瑞光 在水一方・青岛码头 65×81 布面油画 2011
程瑞光 温暖家园九 65×81 布面油画 2012

最具升值潜力的实力派艺术家

唐伟民

【凤池观察】具象写实绘画多年来一直是全国绝大多数艺术家倾力经营的风格，靳尚谊、全山石、郭润文、冷军等都取得了举世瞩目的成就并享有很高的声誉，想要在这类绘画中有所创造与突破实在不是一件容易之事，特别对于年轻艺术家来说往往陷于只求技法的误区之中，唐伟民先生在中国美术馆“2012新写实油画展”上能受到许多前辈老师和创作同行的认可与赞许则是因为他在厚实的技法之外更注重如主题关怀、画面气息、精神指向等“软元素”的挖掘与融合，技法扎实娴熟，画面清丽幽美，同时也受到许多藏买家的喜爱，写实绘画中如此的佼佼者，必将受到更多藏买家的青睐，创造更大更辉煌的市场。

自画自说

文 / 唐伟民

十二年前的秋天，当对写实油画还懵懵懂懂的我怀揣艺术梦想进入广州美院油画系学习后，惊讶地发现，我之前对写实油画的了解是那么的支离破碎，也深刻体会到写实技法的深奥与写实油画道路之不易。在广美的学习让我找到了隐约的方向，那段时间，除了刻苦画画，我也梳理了自己的艺术思路。同时更加坚定了对于写实油画的坚持。

当然除了长期磨练的绘画技巧之外，要想再往更高的境界去，画者个人的修为就至关重要了，这就是人们常说的"画外功夫"。我认为生活本身与画画关系自然是密不可分的，生活的点点滴滴会浸润至你的内心，然后再发酵进而在自己的艺术中发出光茫。平时也尽量多走多看多读，生活便是我艺术创作的源泉。随着阅历见识的增长，越发知道画画是多么不容易的艺术，不能光靠死练。古代大师在画画以外更是有各种的

唐伟民 凝 80×60 布面油画 2012

爱好，不断地充实自身。我本身并不是个死守传统的人，但我只是在闲暇时喜欢收集一些老的东西。每到一地便会去“淘”点老货，我喜欢这些东西身上所特有的包浆和质感。我特别享受那种在工作室中安安静静的泡壶好茶，慢慢把玩着摆放在身边的这些散发着特有历史气息的宝贝。那些陶陶罐罐是如此的美，也许历史对他们的主人来说是很严酷的，但他们对于岁月来说却是幸运的。也正因为历史的沉淀才使它们有了那些自然温和和赏心悦目的润光，就像古代大师的绘画所散发的光芒一样，看着它们象有一件东西牵引着，在时光面前停滞，慢慢的回转头去，那些沧桑和尘封了的故事就在人心中蔓延开来……作为蕴含历史记忆的独特载体，或许这些古玩的对于我在画画中意义可能也就恰恰在此，而让我画面也有了晶莹温润和厚重的质感的追求。而我一直以来所画的藏民系列正是给了我一个很好的传统和现实相接的切入点。

开始画藏民是我在自身油画技术的思考和实践进程中的一次实验。久而久之画多了更加使我觉得这个民族犹如陈酿的美酒，值得细细品味，在我眼里藏民是民风保存极为完好的，极其真诚无邪的，就像刚出土的玉虽历经岁月却仍然光泽盈润，藏民身上具有现代人所没有的一种永恒性，没有现代社会中人们的那种世俗气，西藏女子更是有着令人神往的明亮清澈眼睛，有着健康的皮肤，她们心底善良，极富同情心并且心胸宽广，在藏民身上，能让人感到生的温暖气息和一种振撼的美。这些都是让我偏爱藏民这个题材的根本。

除了以上这些因素，藏民这个题材对于我个人来说其实也是座桥梁，一般我画画的题材以单个肖像人物为主加以单纯而凝重的背景，表达了一种宗教的恒定与庄重的意味，当然近来也开始尝试画一些多人物群像，一来这种形式便于保持一定纯粹性及个

唐伟民 暮望 50×40 布面油画 2011
唐伟民 祈福 120×100 布面油画 2009

伟民
Tang Wei Min

人风格，二来我希望把我对传统油画的内涵和美理解、阐释及对生命、生活的体验，在我的作品形态中得以传承。我也希望我的作品最终不是复调，而是对传统绘画继承和发扬的独白。

写实油画在中国的发展是当代中国艺术史上一个短暂，脆弱却颇具特质并令人激动的过程。进入现代社会以后，写实油画似乎乎愈来愈变被边缘化了，社会快速的发展，改变了中国人本身的精神状态，人们在大规模的经济建设中并没有注意到原本属于我们的“灵魂”、“信仰”悲伤离去，渐行渐远的朴实背影和文化断裂的呻吟。大家对当下尚且应对不暇，又能对传统的伟大有多少认真的体会，人们被各种奇观震撼的视觉经验，也有过难以言表的视觉愉悦或反感以及普遍存在着的“文化焦虑”，在突忽间，人们丧失了自我存在感，人们困惑了，迷失了……也许用不了几年，当变化刺激的兴奋和快感逐渐退去之后，就像国内一位评论家说的“是否还会有充盈的文化记忆，来填补巨大兴奋逝去后的心里空白，到那时，我们大概会仔细清扫出那些坍塌了的记忆的碎片，再试图缝补还原。我们可能会再次挖掘、纪念、整修记忆的零砖残瓦……”。今时今日，在当代艺术大行其道的同时，写实油画作为一种传统艺术，更需要维持它本身具有的艺术特质，力求能继续昂起它那滋润华贵的额头。

也许，新创造的未必就比我们抹掉的东西要好。就像画画一样创新也只应该是挖掘传统某种体现。当然我在这并不是想对写实油画现状评头论足，我只是衷心希望写实油画的未来更加美好，而我作为写实油画群体中的一份子也会与同道中人在这条路上一起前行，坚守写实油画之正道。

唐伟民 静待 80×60 布面油画 2012
唐伟民 盼 80×60 布面油画 2009

Tang Wei Min 2007.

唐伟民艺术简历

1971年出生于湖南省，1991年毕业于湖南师范大学艺术系专科。2000年考入广州美术学院油画系研究进修班。

参展获奖

2000 作品《凝》参选湖南省第三届当代油画展。

2001 毕业作品《执扇女子》获广州美术学院王嘉廉奖学金二等奖。

2002 签约美国Weinstein艺术经纪公司，作品在北美地区画廊售卖，被多名国外收藏家收购，并多次参加美国画廊举办的画展。

2003 作品《灵光鼎》参加中国美术馆第三届中国油画年展。

2004 作品《琴殇》入选第十届全国美展。

2006 作品《红光》入选美国肖像协会(Portrait Society of America)儿童肖像展，获二等奖；(Children's Portrait Competition) ，并于同年加入美国肖像协会。

2006 作品《春困》入选加拿大国际肖像艺术节，获荣誉奖；(International Portrait Arts Festival)。

2007 作品《中秋夜》入选美国肖像协会(Portrait Society of America)国际肖像艺术会展，获荣誉奖；(International Portrait Competition)。

2008 作品《严冬》入选美国肖像协会第十届国际肖像艺术会展，获特别价值奖； (The 10th Annual Art of the Portrait Conference)。

2008 吉林美术出版社出版《唐伟民油画集》，参加上海艺博会。

2010 参加时代杯青年写实画展获优秀奖，并被收藏。

唐伟民 赛马(局部) 布面油画 2011

唐伟民 吉夜 180×90 布面油画 2012
唐伟民 玛瑙 50×40 布面油画 2011

唐伟民 赛马 180×90 布面油画 2011
唐伟民 节日 147×110 布面油画

唐伟民 期待 40×30 布面油画 2011

唐伟民 冬夜 150×90 布面油画

伟民
Tang Wei

唐伟民 湖 100×80 布面油画 2012

唐伟民 酥油灯 120×100 布面油画 2007

唐伟民 红头巾 80×60 布面油画 2008

唐伟民 晨风 50×40 布面油画 2011

唐伟民 流白 40×30 布面油画 2011

唐伟民 回眸 100×80 布面油画 2008

最具升值潜力的实力派艺术家

柳建超

【凤池观察】柳建超有着许多艺术家比不了的才情，不消说整个画面经营得率意而大气，只一出手就荡涤了庸俗，大胆着色，潇洒构图，精心摆布，不拘小节，以扎实的功力、恬静的审美和自然的主题呈现出稳定而独特的个性风貌，以大量的创作实践诠释了艺术家对油画民族意趣的追求，看出来建超先生对中国传统文化和艺术的深刻理解，他坚持油画自身特质的同时还巧妙利用中国传统绘画中的黑白、缓急、松紧、虚实等关系，使画面铺呈大气，逸趣横生，尤其是水墨里的“韵”被其巧妙地转化进油彩的表达里，令人读来清新可喜，推来送往中渐具大家手笔。

柳建超 江南民居二 100×50 布面油画 2011

柳建超艺术简历

湖南省美术家协会会员，岳阳市美协副主席，中国教育学会美术教育研究会会员。1962年出生于湖南省岳阳市屈原农场。1982年工作于岳阳市花鼓戏剧团，担任舞台美术设计。1987年毕业于湘南师院美术系油画专业。2000年结业于首都师大美术系“国家级美术骨干教师‘园丁工程’” 研修班。

参展及获奖

1991 中国画工笔，《天凉好个秋》入选省林业美展。

1992 油画《晚清之秋》入选《92湖南油画艺术展》。

1994 油画《乡情》入选中华人民共和国成立45周年，湖南省美展。

1997 油画《盼》入选湖南油画学会第二届年会作品展。

2008 油画《鸟巢》、《菩提树下》入选2008年艺术湖南•湖南省美术作品精品展。

2009 油画《风景之一》第五届中国（深圳）国际文化产品博览交易会美术馆展出。

2009 油画《寒夜》入选湖南省教师美展一等奖。

2009 油画《秋天原野》在广州佳德拍卖成交。

2010 油画《暮》入选湖南省第6届油画展。

2010 油画《晨》入选湖南艺术年展。

2011 油画《湘鄂赣政府旧址之一、二》入选“红色记忆——湖南革命纪念地油画写生展”，获优秀作品奖。

2011 参加省油画艺委会“走进洞庭湖湿地写生”活动。

2012 油画《金秋》入选第七届“中国西部大地情——中国画、油画作品展”。

柳建超 龟山 80×100 布面油画 2012

柳建超 金秋 80×100 布面油画 2012
柳建超 初秋 80×60 布面油画 2011
柳建超 仲夏 80×60 布面油画 2011

柳建超 荷塘 60×80 布面油画 2011
柳建超 菜园 90×60 布面油画 2011
柳建超 水塘 70×50 布面油画 2011

柳建超 中州之秋 60×80 布面油画 2011
柳建超 桃花山秋色 140×100 布面油画 2011
柳建超 秋收 80×60 布面油画 2011

柳建超 秋高气爽 60×80 布面油画 2011
柳建超 茶山 70×50 布面油画 2011
柳建超 秋荷 70×50 布面油画 2011

柳建超 君山秋色 50×70 布面油画 2011
柳建超 绿野仙踪 70×50 布面油画 2011
柳建超 水库 80×60 布面油画

柳建超 早春二月 50×70 布面油画 2011
柳建超 春耕 90×60 布面油画 2011
柳建超 深秋 70×50 布面油画 2011

柳建超 铁山水库 60×80 布面油画 2011
柳建超 晚霞 90×60 布面油画 2011
柳建超 桥 90×60 布面油画 2011

柳建超 诱蛾 50×70 布面油画 2011
柳建超 张谷英老屋 90×60 布面油画 2012
柳建超 秋 70×50 布面油画 2011

最具升值潜力的实力派艺术家

孟新宇

【凤池观察】 优秀的艺术家至少应具备两个方面的能力，一是扎实的表现功夫，再是敏锐的创新意识。纵观当下的年轻艺术家，特别是具表一路，十之八九都是在前人的程式里颠来倒去，最甚的是用细微打磨制造美女去愚惑有钱人，而真正用心去对待画画的确是为数不多，所幸孟新宇先生是这不多数里一员，而且颇有建树，我们若去认真梳理梳理中国短短百年的油画史，新宇的画面还真就让我们耳目一新，古不乖时，今不同弊——要投就投这样的人，要藏就藏这样的画。

众家评说孟新宇

曹新林：他的画面营造一种东方意境

孟新宇在他的油画中运用了中国山水画的构图样式，运用了民间美术中强烈的色彩对比，运用了敦厚古朴的造型手法，而相反则远离了西方焦点透视的构图方式，远离了印象派条件色写生的技法，远离了写实主义忠实于客观物象的观念，试图营造一种东方意境，运用东方技艺，创作出东方人喜闻乐见的油画来。

贾方舟：他有了自己明确的文化选择

孟新宇对油画的本土化思考已经至为鲜明，曾经一度徘徊在大师的阴影下的他，在中原厚土上的生存经验和文化记忆终于将他从迷惘中引领出来，在油画创作中有了自己明确的文化选择。我们现在看他的作品，不难从中发现，在他激越奔放的笔触和凝重浓艳的色彩中，充盈着传统文化的濡染和民间艺术的熏

孟新宇 石窟寺造像写生 40×30 布面油画 2011

陶，奔流着中原文化特有的血脉，散发着浓郁的乡土气息。如果说色彩的厚重浓丽是孟新宇油画的一个重要特点，那么，类似于“写”的用笔可以说是他的油画的第二个特点。他的画皴点涂抹，笔路清新，收放自如，始终洋溢着饱满的生命激情。在风格上是表现主义，但却是中国式的表现主义。

邓平祥：他走出了一条本土意味的艺术路子

孟新宇在中国当代的文化变革大潮中找到了自己艺术的方式，由于他的方式与当代精神文化在内在性是一致的，这样就使得其艺术与变革保持同步性。指出这一点是很重要的，因为在当代中国，我们看到了太多为大词人辛弃疾讥讽了的——“为赋新辞强说忧”似的艺术表达了。孟新宇的油画风景作品不但在美学思想和文化观念上是当代性的，同时他的油画表达语言也是很有个性特征的。他挣脱了中国油画表达的传统模式，但又没有落入近些年流行的国外表现主义的套路，而是走出了一条具有本土意味的艺术路子，这是十分难得的。

高岭：他的作品蕴含着一种激情

他的画整体的形式感特别强，这些元素让我感觉到了一种非常强烈的冲击力，同时他的作品中蕴含着一种激情，这完全是我最初对他的画的印象，另外我还能闻见一股味道，一种来自乡间的味道，一种烧麦秸垛的味道。

郭晓川：他在传统根基上生发出的新鲜感觉

第一，我认为孟新宇是“质”大于“文”，但是“文”呢，也没有完全放弃，因而使他产生一种很奇妙的审美境界，这个也是他的作品非常吸引人的一个地方。所以说他的特点从审美、美学角度是很突出的。第二，我认为孟新宇在解决一个课题，就是一个“中西融合”的问题。从他目前的状态来看，我觉得解决的还是比较突出的。虽然他是从自己的生活感受、体验当中来，从自己的悟性当中来，但是他又追求一种中国文人笔墨的这种情趣。用油画画出这种笔触，呈现给我们一种很陌生的面孔，感觉它是从我们这个传统的根基上生发出来的，但是又给我们一种很新鲜的感觉。

孟新宇 北京园林之一 70×70 布面油画 2007
孟新宇 石窟寺 81×100 布面油画 2011
孟新宇 龙门石窟 61×73 布面油画 2011

孟新宇艺术简历

1974年出生于河南虞城，毕业于河南大学艺术学院，中国美术家协会会员。

参展

2003 第三届中国油画展（中国美术馆）。
2004 河南省第十届美展，获金奖（郑州美术馆）。
2005 第二届中国北京国际美术双年展（中国美术馆）。
2006 “无尽江山”：南北油画家邀请展（中国美术馆）。第三届北京国际美术双年展提名资格展（中华世纪坛）。“风景-风情”全国小幅油画作品展（上海美术馆）。中国当代艺术文献展（中华世纪坛）。
2007 首届中国青年百人油画展（上海美术馆）。融合与创造——中国油画名家学术邀请展（首都博物馆）。
2008 第三届中国北京国际美术双年展（中国美术馆）。“起点”中间地带油画作品联展（郑州中间地带画廊）。
2009 河南省第十一届美展获金奖（郑州美术馆）。中国美术世界行——中国当代美术作品展（法国巴黎中国艺术中心）。中国第七届东方美术交流展（河南安阳）。
2010 上海世博会中国美术作品展（特邀）（上海展览中心）。孟新宇-杨海峰油画作品展（郑州澄心堂艺术会所）。油画艺术与当代社会----中国油画作品展（中国美术馆）。
2011 “挖掘与发现”中国油画新人展（中国油画院）。第四届全国青年美展获优秀奖（最高奖）（中国美术馆）。
2012 “最绘画”中国青年油画作品展（中国美术馆）。第五届中国北京国际美术双年展（中国美术馆）。

收藏

2005 油画《快乐老家》、《又见炊烟》被中国美协北京双年展组委会收藏。
2008 油画《黑马》被中国美术馆收藏。
2008 油画《晨钟》、《登封记游》被郑州美术馆收藏。

个展

2006 “野腔无调”：孟新宇油画个展（河南商丘）。
2007 “乡野梦境”孟新宇油画作品展（北京锦都艺术中心依顿画廊）。
2011 “一路风景”孟新宇作品展（郑州艺盛空间）。“夏日清幽石窟寺”孟新宇作品展（郑州艺盛空间）。
2012 “与山林里”孟新宇油画作品展（烟台美术馆）。

孟新宇 早春 50×61 布面油画 2012

孟新宇 恭王府 50×61 布面油画 2011
孟新宇 石窟寺造像写生 40×30 布面油画 2011
孟新宇 山西写生 61×73 布面油画 2012

孟新宇 永邵陵的狮子 50×61 布面油画 2012
孟新宇 古树与古塔 61×50 布面油画 2012
孟新宇 西乡坪早春 73×61 布面油画 2010

孟新宇 武夷写生 50×61 布面油画 2009
孟新宇 永熙陵记游 61×50 布面油画 2012

孟新宇 我在太行山上想念梵高 100×200 布面油画 2011
孟新宇 故园 50×61 布面油画 2010

画这幅风景，色调、构图、处理的方法都不同于我以前的办法，她勾起了我对童年的回忆 2011

孟新宇 石窟寺风景 50×61 布面油画 2011
孟新宇 深秋龙床口 61×50 布面油画 2011

孟新宇 瑞雪 50×150 布面油画 2011
孟新宇 去太行 60×200 布面油画 2008
孟新宇 西乡坪 61×73 布面油画 2010

孟新宇 巩义写生 61×73 布面油画 2010
孟新宇 石窟寺造像写生 40×30 布面油画 2011

孟新宇 苏州园林

苏州园林之一 50×50 布面油画 2008

孟新宇 石窟寺写生 50×61 布面油画 2011
孟新宇 阿难 61×50 布面油画 2011

孟新宇 苏州园林之二 50×50 布面油画 2008

孟新宇 黑马 200×100 布面油画 2009

孟新宇 西乡坪 100×200 布面油画 2011
孟新宇 乡野梦境 100×200 布面油画 2009
孟新宇 金灯寺 100×200 布面油画 2011

最具升值潜力的实力派艺术家

姜向东

【凤池观察】姜向东的静物大多来自人们的日常生活，就是借助这些平凡的物件，画家以简洁而平实的构思结合精湛的写实技巧，传输其个人的理解与思考，人的生活本来就是这样的平凡而真实，多一份修饰也许就会添一份复杂，多一份夸张也许就会生出一份虚假。逼近对象，扫描式的寻找、体会每个所需要的细节，局部深入，整体观照，力求细节与整体效果的完美统一构成了姜向东艺术的显著特色。在中国美术馆“2012中国新写实油画展”上，观众在其画前驻足，无不被其画面丝毫毕露、精细入微的形象与技巧吸引，在充满许多虚幻与不定的现实世界里，人们的心灵似乎都在渴求那种人本的或许早已久违了的真。

凝视：试读姜向东的具象油画

文 / 陈逸君

凝视的触感

当观者凝视姜向东的精确油画写实作品，视线透过画布，像鉴赏家一样抚弄那些工业制品的造型和质感，一种对现代工业文明的赞美之情油然而生。《工具系列》《机器系列》《纸箱上的锁扣》《表和阀》《2008》等作品描绘的是一系列饱经风霜、满是锈蚀的残旧工业零件、工具，那些斑驳的锈迹和刮痕无不向观者诉说着画者对旧工业时代的怀念以及对时间流逝、世事变迁的感慨。

在摄影技术出现以前，"时间消逝的观念同视觉经验是不可分割的"（《观看之道》，约翰-伯格）这一观念深为人们所知，因此，欧洲富裕的家族便借助油画（绘画）记录下某一或真实或想象的、具纪念意义的场景，使得该特定场景永世长存，以传后人。

具象油画具有时间恒定性，当观者"凝视"画面，便仿佛进入了画面所描绘的某一瞬间——具象油画的这一特征，长久以来都不曾改变。当观者在画前驻足，观看油画、用心感受油画时，便构成了"凝视"——对作品的阅读和（尝试）解读，由此形成了与艺术作品的互动。姜向东的具象油画作品，由于画面的极其写实性，尽管被观看的对象始终属于视觉对象，但却时时吸引、要求着观赏者的触觉，这时"凝视"便从"视觉"转化为"触觉"；这种在画面上的"触觉"，实际上便如约翰-伯格所说，"好像受抑制、静止的视觉"。在姜向东的《无题》《第三季》《防爆灯》《工具系列》《机器系列》等描摹工业产品的油画作品中，观者"凝视"画面上的工业器械，细看画中每一件细小的金属零件时，目光便犹如手一般

姜向东 工具系列之八 45×45 布面油画 2009

感受着画中机器不同零部件的不同触感，这就是视觉向触觉的转化。画面中，姜向东把画面的构图、光源、背景等外在因素简化再简化，只着力呈现作品的本质体现、亦是画面的主角——机械工具，那些近乎完美的几何造型，锋利的金属质感和冰冷透亮的玻璃表面都唤起了观者对工业文明的触觉记忆。

凝视的重构

姜向东的《盘中餐之野石》《物语之二》《上午九点的阳光》等描写生活细微事物或某一生活场景的作品，则反映了姜向东对日常生活细节的关注。姜向东透过对日常生活场景的再创作和再呈现，将观者重新置身于平日的生活中，然而，又不仅仅是日常的生活，而是在此基础上赋予了一层富有灵性的诗意。

黑格尔认为，美(艺术)是理念的感性显现。那么观者对艺术作品的凝视又可解读为观者对画面中的"美"进行感性层面上的体会和理性层面上的概括。

《上午九点的阳光》和《物语之二》，柔和的灰调会使观者产生一种既熟悉(源于生活)又陌生(诗意所在)的莫名感受——进一步说，是在感性层面上唤起了观者对恬静生活的向往和眷念。

摄影技术的出现大大冲击了传统的写实油画，迫使画家们开始思考画的意义和本质所在。当摄影已能够代替具象油画完成"记录"功能时，具象油画的出路何在？于是具象画派纷纷探求画作更深层次的意义，并更多地将形而上的象征性(Symbolic)引入画中——随之，观者的"凝视"亦向画作背后深层次的意义延伸。

20世纪60年代，阿瑟丹托提出艺术终结论，他指出，艺术发展的历史就是艺术不断通过自我认识达到自我实现的历史，20世纪的艺术实现了它的最终目标，因而走到了终点。有人认为，丹托所指的艺术终结并不等于艺术的死亡，对于艺术的旧有解读方式、叙述方式已经过时，走向了终结，艺术需要新的解读和"叙事"。

摄影技术的冲击和后来"艺术终结论"的提出，意味着观者对油画、尤其是写实油画的"凝视"(解读方法)需要加以重构。

由此看来，对于现代写实油画的解读，也许可以借用胡塞尔的现象学观点——回到事物本身，将具象油画的表象作为解读的重点，从画面的构图、光线、色彩、细节描写等方面入手进行解读。

凝视者

20世纪九十年代，两位西班牙的写实派画家纳兰霍、洛佩兹对中国的年轻油画家有很大影响。纳兰霍作品惯用大胆的构图为画面营造出一种时空交错感，对于细节的描绘尤其细致，使对象呈现真实可信却不会脱离现实，他对色彩的掌控往往为画面增添神秘感。洛佩兹的作品常是稳重的构图，画面空间纵深感很强，使得观者"凝视"画作时犹如置身于画面中。

姜向东就是当年受两位西班牙画家影响的青年画家之一，他的画作气氛静谧而不失丰富，构图简洁有力。姜向东投入大量时间和精力描绘对象，对主体的细节一丝不苟，不断重复罩染，刻画出对象的岁月感。《盘中餐之野石》构图简洁，背景留空的处理促使观者将注意力集中在画面主体上。同时，姜向东作品中细腻的细节描绘也支撑着画面的整体意境，使得画面意境充满诗意。画面的整体气氛宁静平和，归功于姜向东对色彩游刃有余的掌控。

凝视是人类的本能，也是视觉艺术最大的魅力所在。年轻的艺术家姜向东用他最纯粹的视觉艺术语言，践行着隐藏在凝视背后的宏大哲学命题。

姜向东 机器系列之一 100×100 布面油画 2007
姜向东 三只辣椒 80×65 布面油画

一花一世界 一叶一菩提

——走进姜向东的油画艺术

文 / 胡大虎

姜向东的油画作品是纯静而隽永的。

在他的油画作品中细细品味，那遗忘于阳台的植物，闲挂墙上的牛仔服，随意摆置的瓷瓶......平凡简单得让人忽略，却都在画中散发出恬淡隽永的意趣，犹如 “一片冰心在玉壶”的清醇而优雅品格。

虽说具象写实是油画语言永恒的主题，但远有欧洲古典油画令人仰止的高峰，近前是现代艺术眼花瞭乱的蛊惑，今天能坚持在具象写实的架上油画中踏踏实实、精工细作已属不易，向东偏要在其中潜心研习，开创出自己的一番精彩天地境界。我喜欢他的成名之作《白色构成》，白色布台上平行地排列着几件形态各异的白色瓷器，平行直面的构图，单色同质的器物，色差趋向于极致的单纯，平和的光线仿佛柔漫到观者的心中，使人心无杂想，“倾注地静观默想”。这幅作品一经推出即在全国获奖，我以为向东会沿

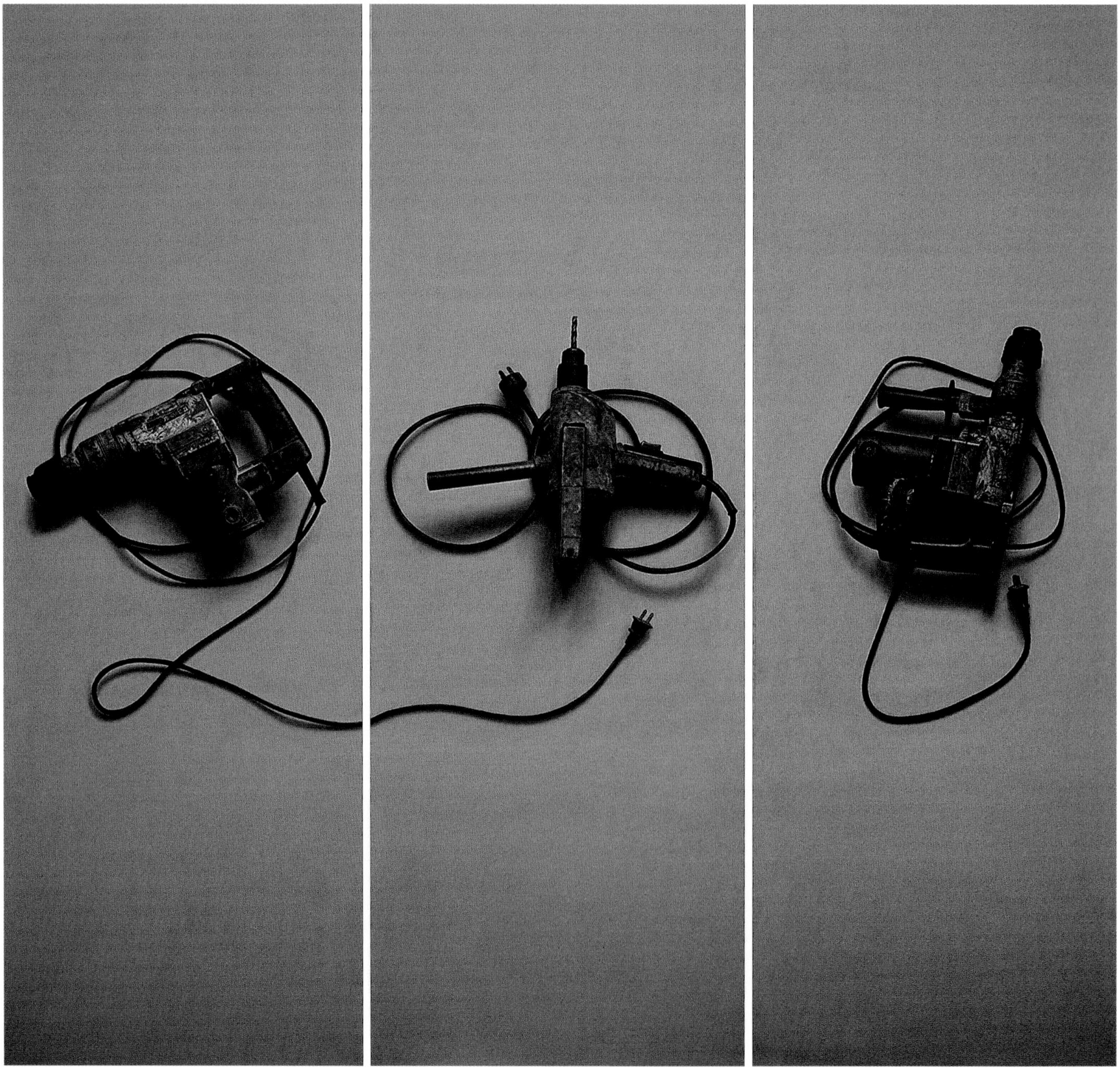

着这条略带小资情调的“瓷器般精致构成”的道路走下去，但几番“物语”之后，他又通过《画布上的火龙果》樱红成熟地给我们讲起了现代寓言。此时的向东实写技巧上渐入佳境，静物质感表达精准而轻松，重要的是他开始有意无意地“策划”画面，流露出新的追求意向。其实古往今来画中有画的作品很多，却鲜见如此纯粹平直地表现静物画本身的题材。柏拉图曾在关于床的理式中发出画家“是在摹仿影象还是真实？”的质问，面对向东《画布上的火龙果》是否会要反复啰嗦地多问几次呢？美术是哲学的视觉物化，《画布上的火龙果》看得出浅尝辙止的哲理意图。延续这一尝试，在接下来的作品中，我们看到摆放在纸箱上的透明白炽灯泡，略带锈迹的铁器、水具……在津津乐道于细节与质感间，用满画幅的构图框取简节视觉片断，平静地叙说着生活本原的朴素和深刻，传达“尽精微、致广大”的根本含义。

规范、坚硬而冰冷的金属工具、管道、仪表、水泥等构成了工业时代的基本符号。姜向东将这些工业符号通过精细刻画，一件一件理性而冷静地呈现于画面，形成简洁、冷竣、孤介的现代构成之美。像他以旧工具作为主题的创作系列，构图单纯而直白，感觉作品从中国书法力透纸背的笔划中吸取了灵感，进行着意象的转换，渐渐臻于和润淡泽的“诗化”境界。通过局部的层层推染，对使用痕迹纤毫毕现地描绘，演绎一件件围绕器物在时间与空间变幻间的轨迹，这不再是简单着迷于探索在画面上还原真实的形式，放大的视角在提示我们关注人类使用物的今生来世，顺着作品寻找创造文明的原始支点和动能，捕捉物体恒定本原的态势，

姜向东 2008 180×60×3 布面油画 2009
姜向东 物语之二 100×80 布面油画 2008

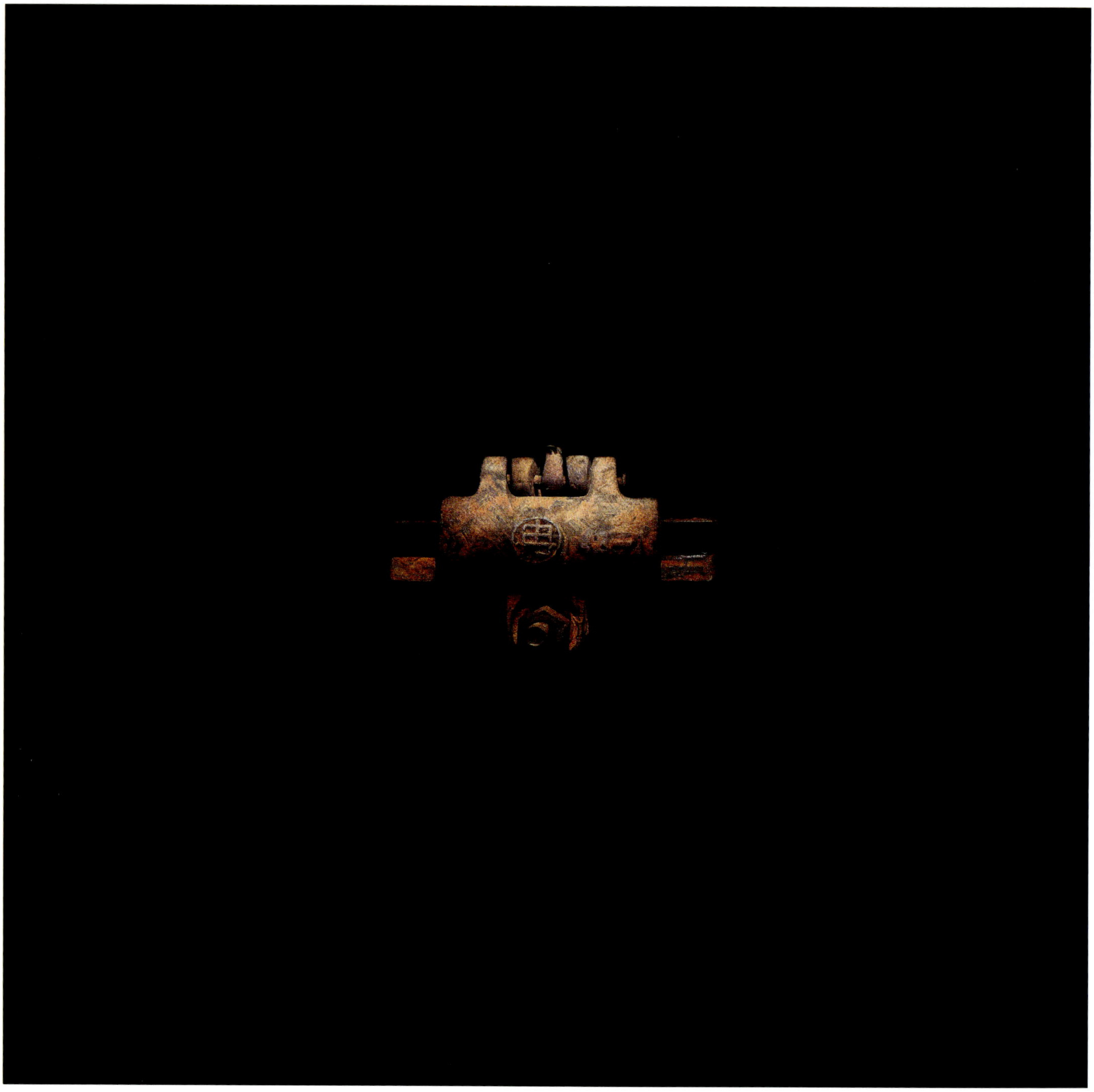

在极度的形似中追求异度的情态，从简单中求繁复，于细微处见精深。姜向东的作品《2008》也是延续他工具系列作品的探索，以中国画立轴般构图形式的三联，将三把沉重斑驳、泛着冷峭金属微光的电锤并置于画面中央，貌似不经意伸折转曲的电线，蕴含着作者匠心独运的深意。在画面凝神太久，仿佛会听到电锤冲击震荡的轰鸣，隆隆轰鸣声里，依稀映出奥运场馆建设者的身影，看到汶川地震后救援者的身影……2008，一个多事之年，崛起之年，姜向东用三把电锤的造型缩影了一个用电锤般力度撞击穿越的年度！

《盘中餐》是向东由表现工具延伸向一个新的主题系列，在这个系列作品中，打动观众的不只是作者的写实能力和技巧，更多的被吸引到对主题的玩味，大面积的灰色烘托着白色的餐盘，盘中或有通透的灯管、锈损的锁扣、冥顽的卵石……画面看似极简，于描绘刻画处却极精微用功，观者的目光全被引聚在画面中间的圆盘中，我们第一次如此正式地凝望着，每一件器物都被营造得如此重要而突出地彰显着他的体态和细节，在淡然朴质间散发出隽永的气息，使我们在品味作者奉上的这一份回味无穷的精神美食时，触动内心对自然万物的一份珍惜和敬畏，触动关注生态、关注环保、关注食品安全的敏感神经。《盘中餐》这一新的主题系列向东还在继续拓展中，其画面之外的深意，如艺术盛宴中承上的一道又一道别样的风味，细细品来，让心灵飘香，意味绵长。

看到向东艺术成就硕果累累，让我感动于他的勤勉和坚持，也羡慕他单位有爱才惜才的好领导与和谐相宜的人文环境。一花一世界，一叶一菩提，被我们戏谑为形象如“活佛”的向东，在作品中妙笔生花，诠释智慧，于精细刻画的表面下体现出他内心的执着和纯真，为我们展示着平凡生活不容忽视的永恒伟美。

姜向东 工具系列之锁扣 120×120 布面油画 2012
姜向东 盘中餐之野石 80×80 布面油画
姜向东 防爆灯 65×65 布面油画 2007

姜向东艺术简历

现为中国美术家协会会员、湖南省美术家协会理事、湖南省美术家协会油画艺术委员会秘书长、湖南省当代油画院副院长、《湖南油画》执行主编、湘潭市美术家协会副主席兼秘书长、湘潭市商标广告协会副会长、湘潭大学艺术学院客座教授。多幅作品及学术论文发表在《美术》《中国油画》《美术大观》《美术档案》《中国油画家》《世界艺术》《艺术中国》《南方油画》《湖南油画》《艺术英才》《上海美术》《广东美术报》等专业刊物上。

参展及获奖

2003　油画《末名石》入选中国第三届油画展。

2004　油画《白色构成》入选全国第二届少数民族美术作品展并获优秀奖。

2006　油画《画架上的火龙果》、《限》、《红果》等9幅作品参加"回望与瞻仰"湖南油画集合展。

2007　油画《系红色腰带的康巴少年》获第二届"风情-风景"全国油画展优秀奖；油画《表和阀》《第三季》《纸箱上的锁扣》入选中国美术家协会第二十次新人新作展。油画《物语》入选第二届中国——东盟青年艺术品创作大赛（油画年）。

2008　油画《枢纽》获改革开放三十周年全国美术作品优秀奖；油画《工具系列NO.1》参加艺术湖南——油画精品北京展。

2009　油画《工具系列NO.1》获湖南省第六届"三湘群星奖"金奖；油画《灯泡》参加首届"挖掘与发现"中国油画新人展。

2010　油画《工具系列——2008》获2010湖南省艺术年展金奖。

2011　油画《盘中餐之碘钨灯》、《三只辣椒》等5幅作品参加"迁徙"2011油画邀请展；油画《向何雷衡老师致敬》《野石》等10幅作品参加湖南省小幅油画精品展；油画《红果系列之5》等2幅作品参加湖南省小幅油画作品邀请展；油画《盘中餐之野石》等2幅作品参加第三届中国齐白石国际文化艺术节湘潭籍全国名家邀请展；油画《元帅故居》《钟楼》等3幅作品参加"红色美术"全国名家邀请展；油画《盘中餐之锁扣》、《盘中餐之红果》等5幅作品参加"湘情闽意"湖南-福建油画联展。

2012　油画《工具系列之锁扣》等三幅作品参加2012新写实油画邀请展。

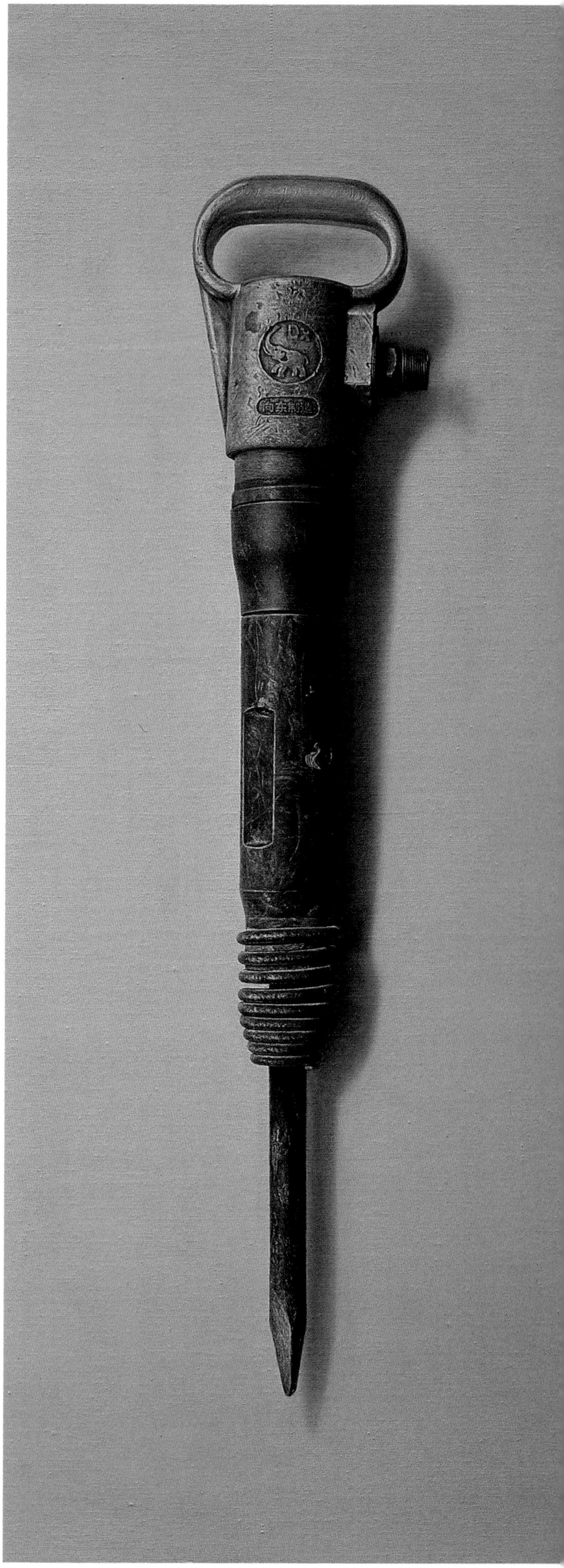

姜向东 工具系列之一 100×40×3 布面油画 2008

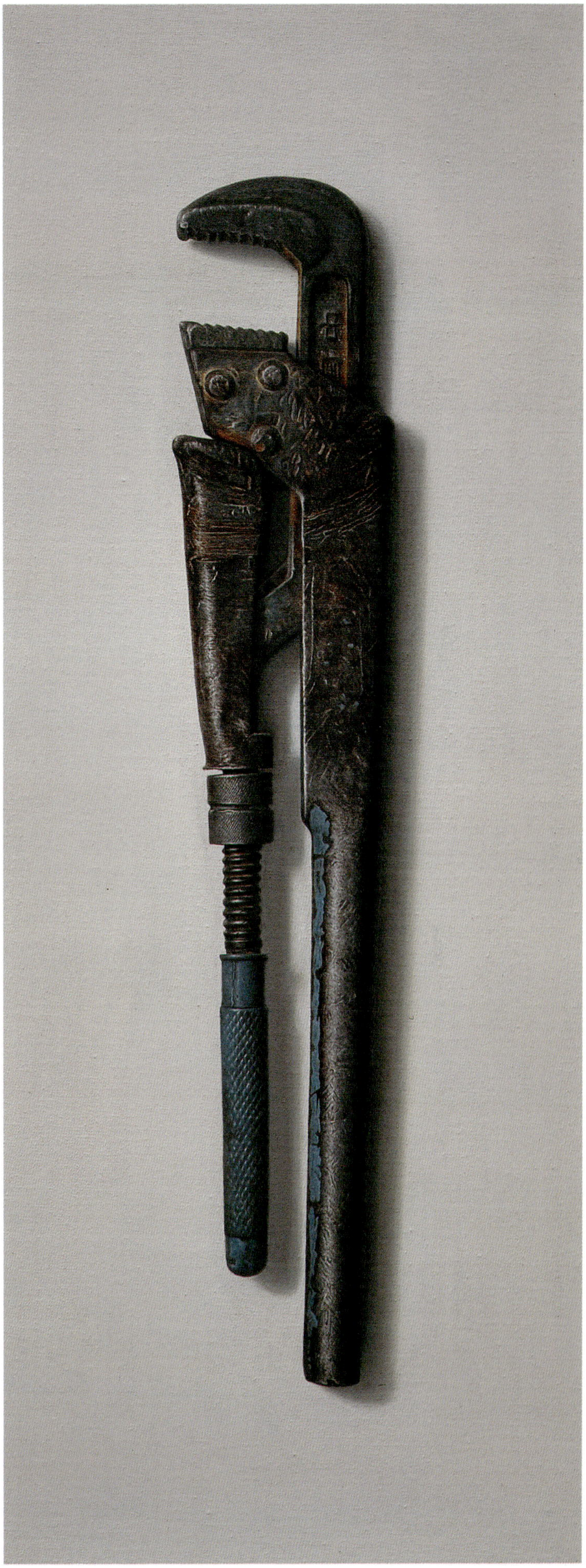

姜向东 工具系列之五a 45×45 布面油画 2009
姜向东 工具系列之五b 45×45 布面油画 2009
姜向东 白色构成 150×200 布面油画 2004
姜向东 向何雷衡老师致敬 30×36 布面油画

XD·JIANG 2011

姜向东 工具系列之五c 45×45 布面油画 2009
姜向东 工具系列之四 45×45 布面油画 2009
姜向东 纸箱上的锁扣(局部) 布面油画 2007
姜向东 画架上的火龙果 65×80 布面油画 2007

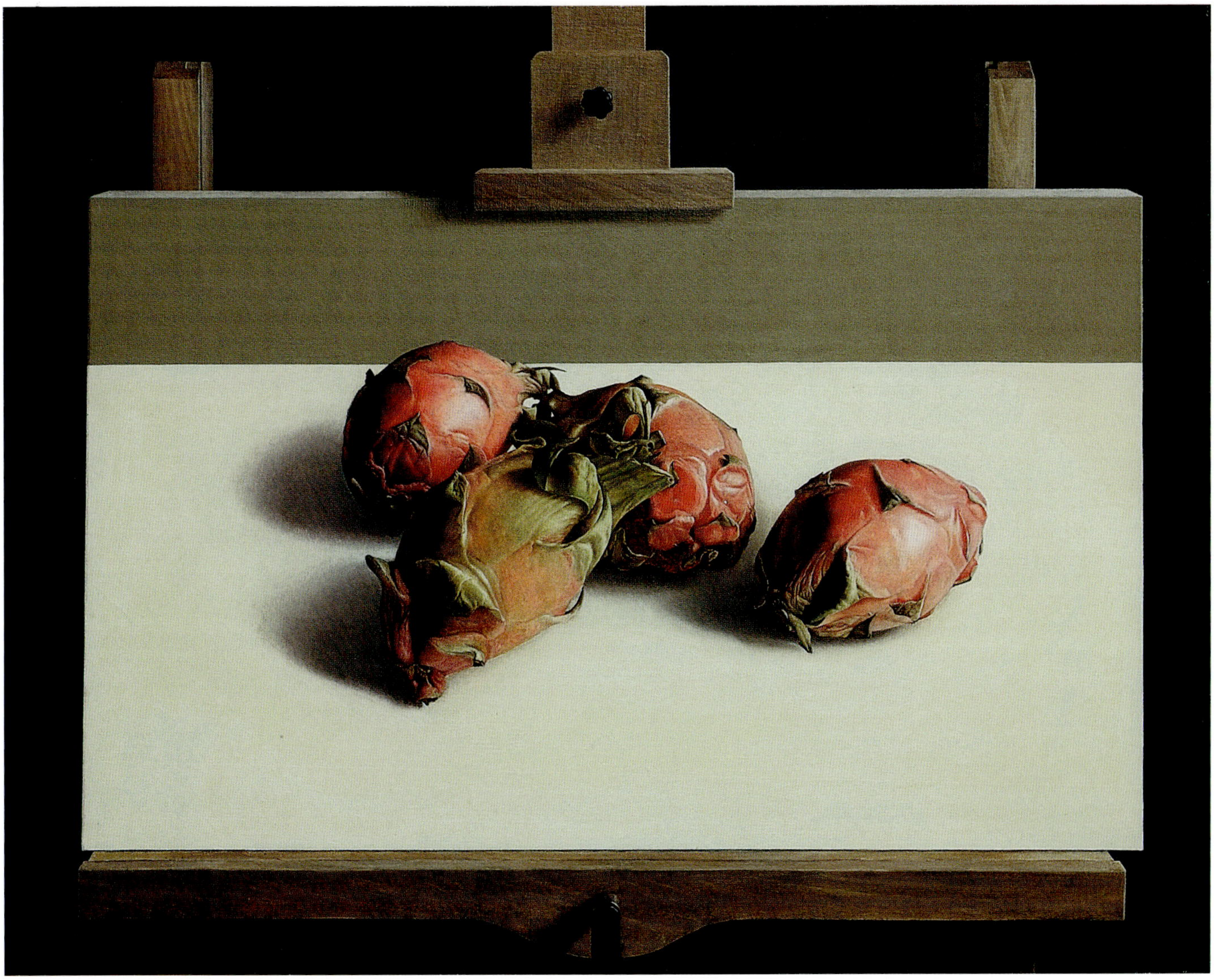

姜向东 第三季 45×45 布面油画 2007
姜向东 三只木瓜 65×65 布面油画 2007
姜向东 表和阀（局部） 布面油画 2007

15

姜向东 表和阀 45×45 布面油画 2007
姜向东 纸箱上的锁扣 45×45 布面油画 2007
姜向东 盘中餐之碘钨灯（局部）布面油画

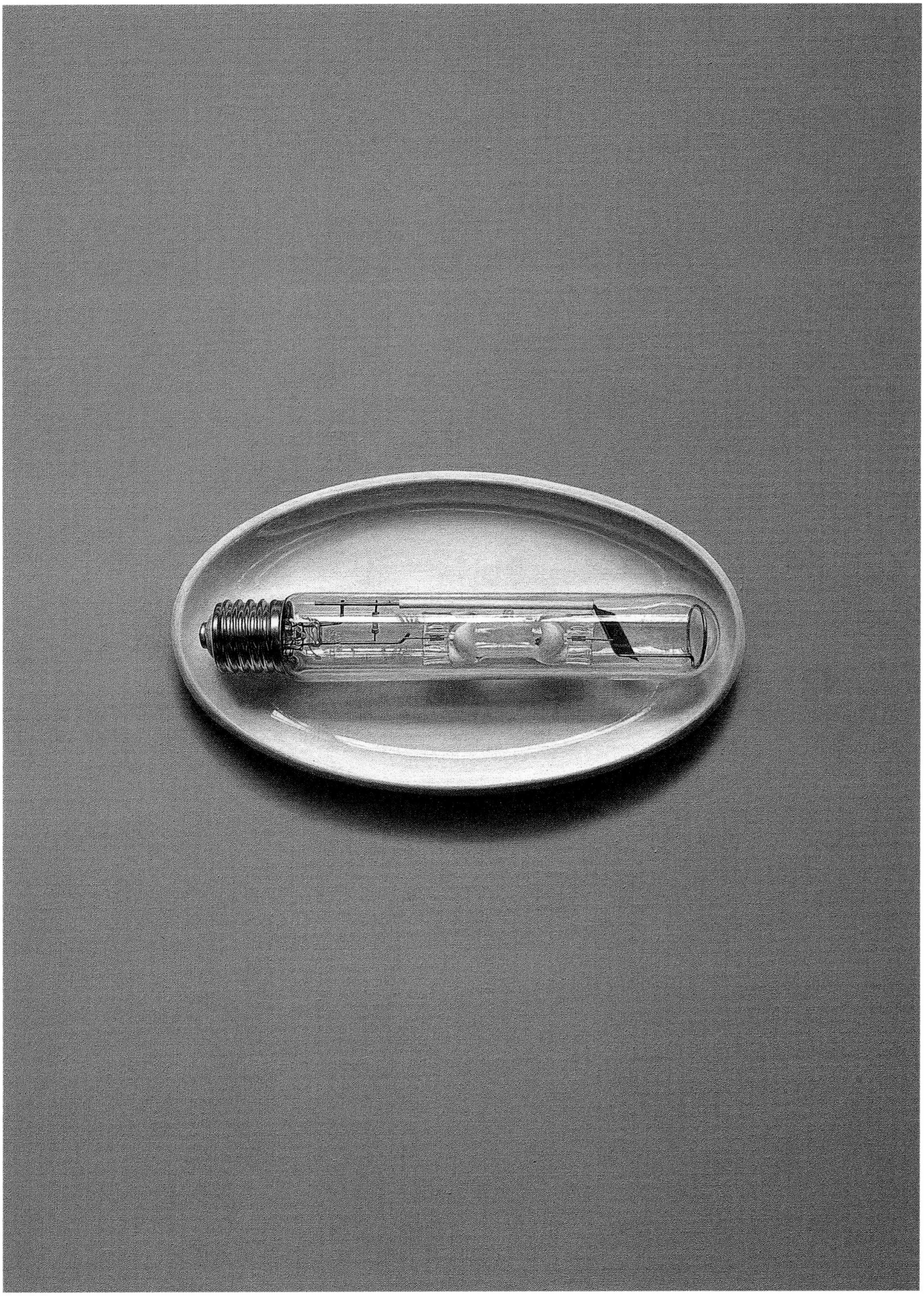

姜向东 盘中餐之碘钨灯 80×80 布面油画
姜向东 盘中餐之锁扣 80×80 布面油画
姜向东 第三季（局部） 布面油画 2007

220v-15W
2005

最具升值潜力的实力派艺术家

解澜涛

【凤池观察】卧游自然，取诸怀抱，搜集千峰，吞吸吐纳，放眼历史几乎所有卓有成就的艺术家都在这样的模式里释放自我，芟荑建树。澜涛是一道靓丽的风景，清丽唯美，意远情长，从万千年轻创作者中脱颖而出。他的许多风景都是有迹可循，无论是他居于北京还是行于南北，其所见所想常常可以在他的画里让受众了解和感受得到。生活给予了他取之不尽的创作灵感，他的作品总带有无比鲜活的写生气息，但又全然不是照搬写生对象，而有着强烈的完全属于画家个人的内在感受，这就是画家本人一直坚守的——灵魂。精研油画，兼修水墨，齐头并进，水陆兼程。在他的风格与灵魂的坚守中一件件开阔悠远、大气恢宏的作品不断出世，受到人们的关注与青睐，特别是一些投资与收藏的有识之士对其作品钟爱有加，解囊下注，得之而后快，很有可能成为继刘小东、毛焰之后最为年轻最有升值空间的市场黑马。

风格和灵魂

文 / 解澜涛

我喜欢钻研中国传统绘画杰作，但骨子里又像是一个叛逆者。多年来，我沉迷于中国传统绘画的海洋里，被其深远的意境，主观的造型，神秘的构图所深深吸引。至今，中国传统绘画发展已相当成熟完善，风格、流派、技法、画论颇多，并且中国绘画史上的传奇佳作数不胜数，历代均不乏神品传世。然而，我认为中国绘画在当下却遇到了一些问题。

其一：陈陈相因、循规蹈矩已经成了家常便饭，大量的作品千篇一律，很多画家忽视或者彻底失去了绘画中最重要的东西——灵魂。事实上，作品的“灵魂”在历代绘画中并非是不受重视的，所以，评价很多当代画家循规蹈矩又有些不妥了，因为这并非循规蹈矩，而是已经和中国绘画中的优良传统相背离了。他们表面是想遵循传统并学习其精华，事实上却只在抄袭其躯壳，精髓已不复存在！这种现象比循规蹈矩就更加可怕了，究其根源是因为当今社会的发展使一大部分人变得无比浮躁，很多画家作画的目的竟然仅仅是为了谋生存，在装“画家”，实为伪艺术家，或说沦为了“画匠”。大家画得都差不多，所以也就相互恭维，

解澜涛 向日葵 200×160 布面油画 2012

尤其是中国画，很多人不是在抄袭古人作品的躯壳，就是在无目的地相互模仿，所以，也就很难出现出奇的精品，也对“大圈子”之内的“谁抄谁”的弊病问题避而不谈。

其二：与以上提及到的似乎刚好相反，画家们极力“创新”。这类画家把“风格”似乎当成了头等重要之事，为了“风格”而去找“风格”，于是乎，“绘画风格的形成与否”上升为一个画家是否成功的重要标志，为了风格而刻意去寻求标新立异的表现形式，与众不同的表现技法……这样说吧，把绘画看成是在做生意，“抢占市场的先机”。在“致富节目”中经常听到介绍类似“养鸡户”的成功案例：某某老板在做养鸡生意，他养的是普通的肉鸡，效益平平，突然有一天养鸡老板来到某地，看到一种鸡名为“山地鸡”，会飞、散养、肉质好、体格健壮，最重要是销路好。养鸡老板一想，他家乡并没有“山地鸡”，如果他是第一个让“山地鸡”进入自己家乡市场的人，那么他就抢占了市场的先机，随后的故事不言而喻，这个老板成功了……当今，绘画领域的很多行为似乎跟做“养鸡生意”很相像，很多画家了解美术史的目的并不是提高审美，增长知识，而是在做一次辛苦的排查工作，看看以往画家们都画过什么样的风格，再看看周围人都在画什么，待到排查已毕便费尽心机生编出一套所谓的“风格”，不在乎是不是自己所喜欢的东西，也不在乎作品的美丑，只要达到与众不同标新立异的效果就算“OK”，就自觉得自己是个真正的艺术家了……殊不知他们已经丢掉了绘画中最宝贵的东西，放弃了生命力。此类弊病在油画圈子里颇为盛行。

这些问题不是一概而论的，却是普遍多见的，在此就算是分享心得，谈谈自己的一点看法。

我要说的归根结底是继承与突破的问题，也是如何继承和怎样突破的问题，主要是强调了注入灵魂让作品具有生命力。要说绘画作品失去灵魂的最重要症结，那便是画家严重脱离生活，脱离生活的作品就很难具有生命力，也必定会失去“灵魂”！

已经故去的吴冠中老先生就是一位很懂得如何继承和突破的人，我喜欢吴冠中先生的作品，因为他的作品充分继承和吸收了传统文化中的精华，即达到了谢赫六法所提及的标准，又融入很多传统诗词文学的深远意境。他几十年如一日风雨无阻深入大自然写生采风，内容真正来源于生活，并没有被传统现成技法所束缚，实实蕴含着生机，是生命的风景。大学时候国画系的同学们都在学习传统中国绘画，中国画中有很多既定的技法形式，比如：马牙皴、雨点皴、远松画法、近树画法……这些在芥子园画谱中都描绘得很详细。在此同时我也学习了吴冠中的许多技法，于是显得非常“另类”，觉得很孤立，在以往的很多作品中我也运用了吴冠中的横笔成线、用毛笔勾出流畅挺拔的有弹性的细线等方法……其间脑海里曾疑惑着冒出奇怪的想法：不知吴老很多技法有朝能否有幸被收入某某画谱？现在想来，我曾经学习过他的很多技法，可能更多的是在学习他的一些内在精神。我庆幸自己做出的取舍选择：抓住了最宝贵的东西。

离开喧闹的都市把自己融入到清新的大自然中是何等惬意之事。裁剪冰梢，轻叠数重，淡着胭脂匀注，每每春风拂面，万物复苏，拎着画箱踩着散发着清香的泥土，嗅着杏花的芳香满世界寻找诗意般的构图，不自觉，人与自然融为一体，感天地之灵气。每当画完一张画，忽听耳旁有清脆的鸟鸣，却又觉得这声音是从自己的画中传出，这时的作品，应具有真正的生命力。

上学时，国画油画我都学过一些，各种技法略知一二，现在走上了职业绘画的道路，并不想把自己定位成画国画的还是画油画的，只是在画画，材料不重要，所表达的思想都是一致的。我坚信风格是在不知不觉中形成的，否则就是杀鸡取卵。绝不全盘接受传统，也绝不急于标新立异，这是我的立场。从传统诗词歌赋中汲取养分，从传统绘画中吸取经验，领受大自然天地之精华，“外师造化，中得心源”！做一个朴实而又贴近生活的手艺人——这是我对自己的要求

此次所印作品特意挑出一部分以往很“像”吴冠中的作品，同时也有部分作品是在实践过程中探索出来的一点新东西，旨在能让作品时刻散发着大自然的气息，但愿观者能在我的画中读到八个字：气韵、张力、简约、意境。

解澜涛 乌鹊南飞 180×200 布面油画 2011
解澜涛 四渡鸭塘 100×80 布面油画 2009

解澜涛艺术简历

1980年出生，笔名春平。2004年毕业于中国人民大学绘画系，学习油画和传统中国画，学士学位。现定居北京，职业画家。中国环境管理干部学院客座教授，中国人民解放军二炮总政治部文化站特聘画家。

参展

2004 千年时间画廊六人作品展。

2005 北京希尔顿大饭店个人作品展。
香港举办个展。

2006 法国南特二人联展。

2007 北京观音堂三乘三画廊个展。
加拿大华人艺术作品展。
798空白画廊个展。

2008 中国艺术研究院实力派邀请展。
中国艺术研究院中国画油画提名展。
中国美术馆中韩艺术交流展。
798红石广场奥运主题展。

2009 云峰画苑解澜涛写生作品巡回展。

2012 “798无界限第五届五四国际青年艺术节”。

解澜涛 春入北山 160×200 布面油画 2011

解澜涛 野鸭 40×50 布面油画 2009
解澜涛 往事 100×80 布面油画 2001
解澜涛 九歌 200×160 布面油画 2011

解澜涛 野径 160×200 布面油画 2012
解澜涛 水洼 61×46 布面油画 2008
解澜涛 芭蕉远山 80×60 布面油画 2012

解澜涛 沙棘野花 160×200 布面油画 2011
解澜涛 山溪 80×60 布面油画 2011
解澜涛 梨花颂 200×540 布面油画 2011
解澜涛 乱山春喧 200×540 布面油画 2011
解澜涛 老屋后院 90×140 布面油画 2008

解澜涛 雨雪霏霏 80×100 布面油画 2008
解澜涛 深秋嶂石岩 90×60 布面油画 2011
解澜涛 兴坪胜境 40×80 布面油画 2012
解澜涛 卧龙岗 50×100 布面油画 2012
解澜涛 燕山春色 200×400 布面油画 2011

解澜涛 老路 160×200 布面油画 2011
解澜涛 野草群峰 80×60 布面油画 2012
解澜涛 憩 80×130 布面油画 2008
解澜涛 岸 90×110 布面油画 2008

解澜涛 梨花时节 180×200 布面油画 2011
解澜涛 杏花天影 40×50 布面油画 2009
解澜涛 终极桃花洞 180×300 布面油画 2011
解澜涛 六合村春色 60×80 布面油画 2012

解澜涛 乐山大佛 180×200 布面油画 2011
解澜涛 故宅随想 200×160 布面油画 2011

解澜涛 清泉落窦 100×300 布面油画
解澜涛 幽谷群芳 100×300 布面油画 2011
解澜涛 巨网捕鱼 90×150 布面油画 2008

解澜涛 宏村山居 30×60 布面油画 2009

風景油畫的風格與靈魂

離開喧鬧的都市把自己融入到清新的大自然中是何等愜意之事。裁剪冰梢，輕疊數重，淡着胭脂勻注，每每春風拂面，萬物復蘇，拎着畫箱踩着散發着清香的泥土，嗅着杏花的芳香滿世界尋找詩意般的構圖，不自覺，人與自然融爲一體，感天地之靈氣。每當畫完一張畫，忽聽耳旁有清脆的鳥鳴，却又覺得這聲音是從自己的畫中傳出，這時的作品，應具有真正的生命力。